글 스토리랩

'이야기 연구실'이라는 뜻의 스토리랩은 기획자, 작가, 편집자로 이루어진 창작 집단입니다. 각 분야에서 오랫동안 활동한 전문가들이 더 유익하고 새로운 콘텐츠를 만들기 위해 노력하고 있습니다. 주요 작품으로는 《손흥민 꿈을 향해 달려라》 시리즈, 《who? 스페셜 오타니 쇼헤이》 등이 있습니다.

그림 이유철

한국출판미술대전1999에서 장려상을 수상했으며, 애니메이션 동화 작업을 시작으로 EBS 방송 교재와 초·중 학교 교재 삽화를 오랫동안 다수 작업해 왔습니다. 현재 〈과학소년〉에 만화를 연재하고 있으며, 주요 작품으로는 《상상영단어》, 《몸의 주인은 나야!》, 《그리스 로마 신화》, 《why? 스포츠 야구》, 《who? 스페셜 킬리안 음바페》, 《who? 스페셜 김민재》 등이 있습니다.

다산어린이 공식 카페

책을 더 재미있게, 책을 더 오래 기억하는 방법
다산어린이 공식 카페에는 다양한 독서 활동 자료가 있습니다.
자료를 활용하여 아이들의 독서 흥미를 더욱 키워 주세요.

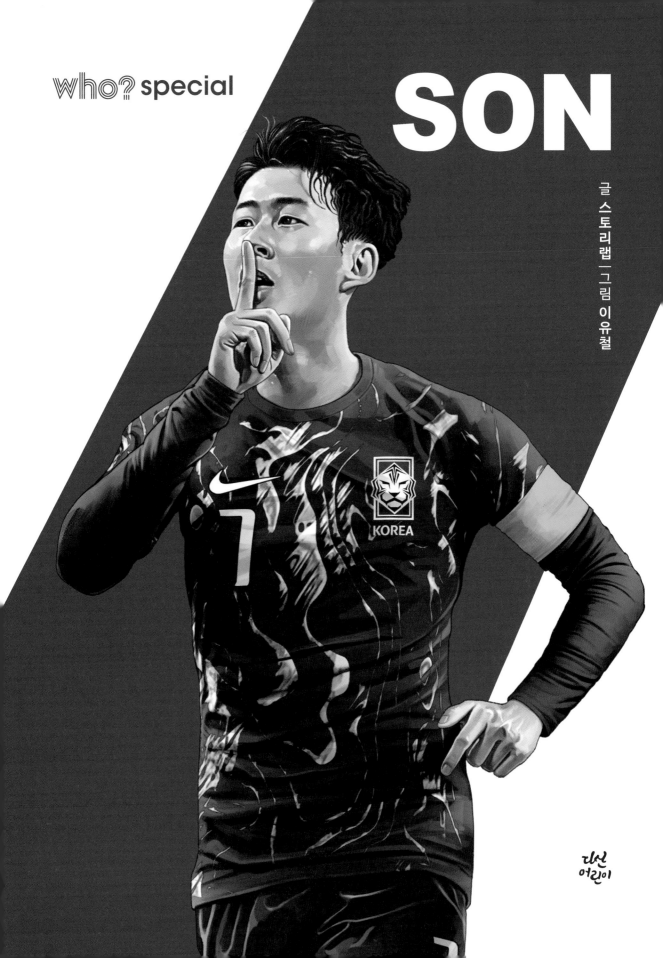

존 던컨 John B. Duncan
미국 UCLA 아시아언어문화학부 교수

한국학 분야의 세계적인 석학으로
미국 UCLA 한국학 연구소 소장 및
동 대학의 아시아언어문화학부 교수를
겸직하고 있습니다.

자신만의 멘토를
만날 수 있는 who? 시리즈

다산어린이의 《who?》 시리즈는 어린이들은 물론 어른들에게도 재미와 감동을 주는 교양 만화입니다. 《who?》 시리즈는 전 세계 인류에 영향력을 끼친 인물들로 구성되었으며 인물들의 삶과 사상을 객관적으로 전해 줍니다.

이처럼 다양한 나라와 분야에서 활약한 위인들의 이야기를 통해 과학, 예술, 정치, 사상에 관한 정보는 물론이고, 나라별 문화와 역사까지 배우게 될 것입니다. 《who?》 시리즈의 가장 큰 장점은 위인들이 그들의 삶에서 겪은 기쁨과 슬픔, 좌절과 시련, 감동을 어린이들이 함께 느낄 수 있다는 것입니다. 어린이들은 이 책을 읽으면서 폭넓은 감수성을 함양하게 됩니다.

《who?》 시리즈의 어린이 독자들이 책 속의 위인들을 통해 자신만의 멘토를 만나 미래의 세계적인 리더로 성장하기를 진심으로 응원합니다.

에드워드 슐츠 Edward J. Shultz
하와이 주립 대학교 언어학부 교수

하와이 주립 대학교 언어학부 교수인
에드워드 슐츠는 동 대학의 한국학센터
한국학 편집장을 역임한 세계적인
석학입니다.

세상을 더 나은 곳으로
만든 사람들의 이야기

어린이들은 자라면서 수많은 궁금증을 가지게 됩니다. 그중에서도 "저 사람은 누굴까?"라는 질문은 종종 아이들의 머릿속을 온통 지배해 버리기도 합니다. 다산어린이에서 출간된《who?》시리즈는 그런 궁금증을 해결해 주기 위해 지구촌 다양한 분야의 리더들을 소개하고 있습니다.

《who?》시리즈에 등장하는 인물들은 인종과 성별을 넘어 세상을 더 나은 곳으로 만든 사람들입니다. 어린이들은 이 책에서 디지털 아이콘으로 불리는 스티브 잡스는 물론 니콜라 테슬라와 같은 천재 발명가를 만날 수 있습니다.

책 속 주인공들의 어린 시절 이야기를 통해 기쁨과 슬픔, 도전과 성취감을 함께 맛보고, 그들과 함께 성장하면서 스스로 창조적이고 인류에 도움이 되는 사람이 되겠다는 포부와 자신감을 갖게 될 것입니다. 《who?》시리즈 속에서 다채롭고 생동감 넘치는 위인들의 이야기를 만나 보세요.

차 례

손웅정, 당신의 선수 생활은
여기까지야!

어차피 별 볼 일 없는
삼류 선수였지만 말이야.

그럴 리 없어!
거짓말이야!

아
악

과거의 쓰린 상처를 종종 악몽으로 다시 만나는 이 남자는 축구 지도자 손웅정입니다.
축구 선수 손흥민의 아버지로 더 유명하지요.

헉
헉
헉

그럴 리 없다고!

꽈
악

스스로를 '실패한 축구 선수'라 일컫는 아버지 손웅정과 세계적인 축구 선수가 된
그의 아들 손흥민, 두 사람의 뜨거운 열정 속으로 들어가 봅시다.

11

1장

축구 선수를 꿈꾸는 소년

> 흥민이는 지금 축구의
> 기본을 다지는 중이야.
> 양발로 공을 자유롭게 다룰 수 있어야
> 멋지게 패스도 하고,
> 슛도 쏠 수 있는 거다.

2001년

괜찮아요?
또 악몽을 꾼 거예요?

으응… 괜찮아.
깨워서 미안하군.

다녀올게.

네, 몸조심해요.

건설 일은 처음이라고 하셨죠?

아, 네… 하지만 잘할 수 있습니다.

누구나 처음에는 그렇게 말하죠.

덩치도 작고 비실비실해 보이는 것이 영….

이 벽돌들을 전부 2층까지만 날라 주면 오늘 해야 할 일은 끝이에요.

어때요, 할 수 있겠어요?

이것만 하면 되나요?

'이것만'이라고? 으하하하! 과연 30분 뒤에도 그런 말을 할 수 있는지 어디 한번 보자고요!

나 오늘 정말 멋있게 골 넣었어! 그치, 형?

근데 내가 조금 더 멋졌어.

너희가 멋있어 봤자 꼬맹이들 동네 축구지.

약

으악

그래, 아주 자알~ 했다! 어릴 땐 이렇게 열심히 노는 게 최고야!

맞아요!

옳소!

깡

깡

손웅정은 '아이들은 실컷 뛰어놀아야 창의력을 발휘할 수 있다.'라는 생각을 가지고 있었습니다. 그 덕분에 손흥민은 어린 시절 내내 학원보다는 운동장과 놀이터에서 보내는 시간이 더 많았습니다.

난 커서도 매일 축구만 하고 싶어.

근데 어른은 그렇게 못해. 일해야 하니까.

왜 못해?
축구 선수를 하면 되잖아?

어? 정말 그러네.

그래서 말인데요,
아빠….

?

나, 축구를 제대로
배우고 싶어요.

버… 벌써 집에
다 왔네?
어서 엄마한테
가 봐라.

네!

ㅋ옹

엄마~ 우리 왔어요!
아빠도 같이 왔어!

오셨어라고 해야지.

밖에서 무슨 일 있었어요?
들어올 때부터 표정이 안 좋아요.

흥민이가 정식으로
축구를 배우고 싶다는군.

풋! 그럴 줄 알았어요.
어릴 때부터 공처럼 생긴 건
다 차고 다녔잖아요.

공이다!

안 돼!

누구보다도 축구를
잘 가르쳐 줄 사람이
바로 옆에 있으니 잘됐네요.

하지만 흥민이마저
나처럼 되면….

선수 은퇴 이후 손웅정은 지역 문화 센터나 초등학교에서 아이들에게 축구를 가르치고 있었습니다.
손흥민은 아버지를 보며 자연스럽게 축구 선수의 꿈을 키웠습니다.

그날 밤

대신 축구는 아빠가 가르칠 거야. 아빠 무서운 거 알지?

응!

아빠가 하라는 거 군말 없이 다 해야 한다?

당연하지!

아빤 빈말 안 하는 것도 알지? 각오 단단히 해야 해.

...

왜 대답을 안 해?

빈말이 뭔데?

으악!

우당탕

다… 다시 말해 줄게. 아빠는 말한 건 반드시 지키는 사람이야. 즉, 목표를 세우면 네가 아무리 힘들어 해도 시킬 거라는 말이지.

네! 자신 있어요. 축구를 할 수만 있다면!

그날 이후 손흥민은 매일 학교 수업이 끝난 뒤
아버지 손웅정에게 축구를 배웠습니다.

볼 리프팅은 축구의 기본이야.
네가 축구를 하는 동안은
계속해야 할 훈련이지.

톡

이렇게 발 바깥쪽으로도 하고….

휘
릭

톡

당연히 발 안쪽으로도
할 수 있어야겠지?

우아!

톡
톡

마지막은 머리다!

퉁

오!

자, 여기까지가 한 세트야. 할 수 있겠니?

네!

후~

으앗!

팅

다시!

어?

팅

아냐, 아냐! 다시!

처음부터 다시!

정신 똑바로 안 차릴래? 이렇게 장난처럼 할 거면 당장 그만둬!

헉 헉 헉

장난으로 한 거 아닌데….

넌 쉬고 있어.

앞으로도 훈련 준비와
뒷정리는 내가 한다. 대신 넌 훈련에
모든 걸 쏟아붓는 거야. 알겠니?

아… 네!

아빠 정말 진심이었구나.
나도 대충해서는 안 되겠어.

다음 날

아빠는 키가 작아서
공중 볼 다툼에서
항상 불리했어.

너도 나를 닮았다면 키가 작을 테지.

헉!

다행히 키는 운동으로
어느 정도 키울 수 있어.
오늘 할 훈련이 바로 그거다.

휴~.

어때, 쉽지?
성장판을 자극하는 거야.

재밌어요!

점프~

몸을 최대한 웅크리고 앉았다가
최대한 몸을 쭉 펴면서 점프하는 거야.

그래, 그럼
오늘 딱 2천 개만 하자.

헉!

어? 저기 흥민이다.

우리 구경 가자!

안녕하세요.

허
허
허

흥민이 축구 훈련하는 거
구경해도 돼요?

뭐, 상관없긴 한데…
재미는 없을걸?

잠시 후

심심해.

하~품

ZZZ

한 시간째
공만 팅기고 있어.

아까 점프도 하긴 했잖아.
근데 이거 축구 훈련 맞아?

톡 톡 톡

맨날 이것만
죽어라 하는 거야?

그러게…
이게 무슨 축구야!

….

얘들아, 기역 니은도 모르는데,
가나다를 쓸 수 있겠니?

아뇨.

양발로 공을
자유롭게 다룰 수 있어야
멋지게 패스도 하고,
슛도 쏠 수 있는 거다.

바로 그거야.
흥민이는 지금
축구의 기본을 다지는 중이야.

하지만 흥민이는 지금도 충분히 잘하는데요? 30분 동안 공을 한 번도 안 떨어뜨렸어요.

아니. 아직 한참 멀었어.

도대체 잘한다는 기준이 뭐예요?

그건….

내 맘!

그… 그러시겠죠.

흥민아, 어서 도망쳐! 이건 아니야!

하 하 하 하

무엇보다 기본을 강조하는 훈련, 여기에 엄한 아버지 손웅정의 성격 탓에 어린 손흥민은 무척 힘들었습니다.

이 밤에 무슨… 설마 아동 학대?

의붓아버지 아니야?

똑바로 안 해?

아들 축구 가르치는 거래요.

하지만 손웅정의 고충도 이만저만이 아니었습니다.

시민이라면 누구나 사용할 수 있는 장소라고 알고 있는데요?

마음대로 들어와서 이러시면 안 됩니다. 어서 나가 주세요!

그건 그렇지만….

하여튼 안 돼요, 안 돼!

결국 손웅정과 손흥민은 초등학교 운동장은 물론 공설 운동장과 강변 등 이곳저곳을 돌아다니며 훈련해야 했습니다.

그러던 어느 날

안녕하세요?
저는 부안초등학교 축구부 지도 교사입니다.
흥민이 관련으로 상의드릴 게 있습니다.

개인 훈련은 이쯤하고
이제 흥민이를 축구부에
넣으면 어떨까요?

쭉 지켜봤는데,
지금 축구부에 들어와도 손색이 없겠더라고요.

말씀은 감사하지만
아직 멀었습니다.

통
통

하지만 축구부에 들어오면
친구들과 함께 더 많은 경험을….

사실 전 현재 우리나라의
유소년 축구 시스템을
좋아하지 않습니다.

배우고 익혀야 할 것들이
많은 어린 선수들에게 경기를 시켜서
성적으로 평가하잖아요.

저도 그 말씀에 일부 공감하긴 합니다.
하지만 어쩔 수 없는 부분도 있으니까요.

그럼 가끔이라도 흥민이를
시합에 투입하는 건 어떨까요?
실전 감각을….

죄송하지만 거절하겠습니다.
흥민인 아직 준비가 덜 됐어요.

손웅정은 축구 교육에 관한 소신이 누구보다도 분명했습니다.
그래서 흔들림 없이 자신의 방식대로 손흥민을 이끌었습니다.

아….

육민관중학교입니다!

끼ㅡ익

몇 년간이나 아버지와 단둘이 훈련을 이어 가던 손흥민은 중학교 2학년 여름 비로소 학교 축구부에 입단하게 되었습니다.

…여기구나.

아빠 후배가 원주 육민관중학교에서 감독을 하고 있으니 이제 거기서 훈련하도록 해.

축구부 입단과 동시에 타지에서 숙소 생활이라니 너무 갑작스럽잖아….

씨ㅡ익

하지만….

친구들과 함께 뛸 수 있다니, 좋구나!

팽ㅡㄱㅡ른

who?
손흥민

대한민국을 넘어 세계에서 활약하고 있는
월드클래스 축구 선수 손흥민!
그가 지금의 위치에 오르기까지
어떤 노력이 숨겨져 있는지 함께 알아보아요.

하나 축구를 즐기는 마음

손흥민은 여러 매체와의 인터뷰에서 늘 '즐기는 축구를 하고 싶다'라고 말했습니다. 어린 시절, 축구 교실이나 지역의 유소년 축구 클럽처럼 특정 교육 기관이 아닌 아버지에게 축구를 배운 손흥민에게 축구는 일종의 놀이이며, 축구공만 있다면 어디든 놀이터가 되었지요. 손흥민이 '즐기는 축구'를 하게 된 데에는 어린 시절 손흥민을 직접 지도한 아버지의 특별한 교육법이 있었기 때문입니다.

아버지는 어린 손흥민이 양발로 공을 자유자재로 다룰 수 있을 때까지 기본기 훈련만 반복하고, 다른 아이들과 시합도 할 수 없게 했지요. 그는 어린 마음에 친구들이 시합을 뛰는 것을 마냥 부러워했지만, 사실 아버지에게는 깊은 뜻이 있었답니다. 마치 시험을 치르듯이 기술을 익혀야 하는 기존 학원 시스템을 따라간다면 축구는 즐거운 깃이 아니라 괴로운 것이 될 것이라는 생각에서였어요. 또한 시합을 하게 되면 승패나 성적에 연연하게 되므로 자유롭게 축구를 즐기기는 힘들다고 판단했지요. 그래서 매일 하루도 빠지지 않고 운동장에 나가 작은 축구공을 몸에 착 붙여 자유자재로

프리미어리그 토트넘 홋스퍼 FC에서 뛰고 있는 손흥민

다루는 훈련을 했어요.

세계 언론들은 손흥민의 트레이드 마크로 경기 중 보여 주는 환한 미소를 꼽는데, 이를 보면 그가 얼마나 축구를 좋아하는지 알 수 있어요.

탄탄한 개인기

어릴 때부터 축구를 배우기 시작한 손흥민이 처음으로 시합에 나가게 된 것은 중학교 3학년 때였어요. 축구를 시작한 지 9년 만이었지요. 그 전까지는 오로지 아버지, 형과 기본기 훈련을 반복했어요. 기본 중의 기본이라고 할 수 있는 볼 리프팅, 헤딩, 드리블 등을 완전히 익히기 전에는 다음 훈련으로 넘어갈 수 없었지요. 아버지는 방향과 거리를 바꿔 가며 쉴 새 없이 공을 던졌고, 손흥민은 자신 앞으로 날아드는 공을 완벽히 받아 낼 수 있을 만큼의 실력을 갖춘 다음에야 슈팅 연습을 할 수 있었답니다. 이렇게 기본기만 반복하는 훈련이 지루할 법도 하지만 손흥민은 묵묵히 훈련에 임했고, 결국 모든 동작들은 손흥민의 몸에 차곡차곡 새겨져 경기에서 빛을 발하게 되었답니다. 경기에서 그가 보여 준 모든 슈팅, 드리블 동작들은 바로 과거에 지겹도록 반복했던 기본 훈련의 결과물이었지요. 보통의 축구 선수들은 왼발과 오른발 중에 한쪽만을 주로 사용하는데, 손흥민은 페널티 지역 근처 어디서라도 오른발, 왼발을 가리지 않고 슈팅을 할 수가 있어요. 이것은 손흥민이 유럽 무대에서도 주목받을 수 있었던 가장 큰 재능으로, 매 시즌 뛰어난 활약을 하는 비결이기도 합니다.

활발하고 긍정적인 성격

손흥민은 열일곱 살이라는 어린 나이에 독일로 유학을 떠났어요. 당시 손흥민을 지도하던 감독은 "어린 선수가 힘들 법도 한데, 전혀 티를 내지 않고 잘 적응하는 것이 놀랍다."고 말했어요. 그리고 손흥민이 소속되어 있는 팀 동료들은 그를 팀의 '긍정 에너지'라고 말합니다. 그라운드 안에서나 밖에서도 항상 웃음을 잃지 않고, 팀의 분위기가 가라앉을 때면 먼저 나서서 가벼운 장난을 치거나, 춤을 추면서 분위기를 화기애애하게 만들기 때문이에요. 또한 끈기가 대단해서 안 되면 될 때까지 노력하는 모습을 높이 평가했습니다. 쉽게 포기하지 않고, 노력하다 보면 언젠가는 이뤄질 것이라는 긍정적인 마음이 손흥민을 더욱 성장하게 만든 것이지요. 축구 선수들은 경기 승패에 따라 관중과 언론의 따가운 질타를 받기도 하는데, 손흥민은 그런 관중과 언론의 비난에 쉽게 흔들리지 않는 모습을 보여 줍니다. 그리고 자신의 실수와 관중의 질타를 이겨 내고, 오히려 다음 경기에서 더 좋은 모습을 보여 주는 데 집중하지요.

토트넘 홋스퍼 FC 엠블럼

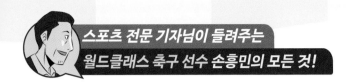

 # 손흥민, 겸손과 진심의 리더십

안녕하세요, 저는 영국 현지에서 손흥민을 밀착 취재하고 있는 스포츠 기자 이건이라고 합니다. 지금부터 담당 취재 기자로서 지켜본 손흥민의 리더십과 마음가짐, 자신만의 특별한 노력을 재미있게 들려드릴게요!

Q. 손흥민을 바라보는 주변의 평가가 궁금해요.

손흥민과 함께 팀을 이끌었던 마우리시오 포체티노, 조제 모리뉴, 안토니오 콘테, 엔지 포스테코글루 감독에게 손흥민에 대해 물었습니다. 대답은 한결같아요. "손흥민은 너무 기량이 좋은 선수입니다. 그러나 그 이전에 너무나 좋은 인성을 가지고 있어요."

이들은 크리스티아누 호날두, 리오넬 메시, 킬리안 음바페 등 세계적인 선수들을 지도해 왔습니다. 그렇기 때문에 스타 선수들에 대해 평가를 해 달라는 질문을 많이 받지요. 이럴 때마다 대부분 '좋은 기량'에 대해서만 이야기하곤 합니다. 그러나 손흥민에 대해서는 '좋은 기량'에 대한 이야기에 앞서 '좋은 인성'에 대한

토트넘 홋스퍼 FC 시절의 포체티노 감독

이야기를 먼저 합니다. 그만큼 손흥민이 '선수'로서도 훌륭하지만 '사람'으로도 훌륭하다는 뜻이겠지요.

손흥민의 동료 선수들도 마찬가지로 손흥민을 '좋은 사람'이라고 먼저 평가합니다. '언제나 나를 웃게 해 주는 사람', '내 형제', '내 인생의 레전드' 등의 긍정적인 평가들이 쏟아져 나옵니다. 팀의 선수들과 스태프들이 손흥민을 믿고 의지하는 것이 어찌 보면 당연한 일이겠지요.

Q. 왜 손흥민과 함께한 모두가 그를 리더로서 높이 평가하는 걸까요?

두 가지 정도가 떠오르는데요, 먼저 '겸손'입니다. 손흥민은 언제나 자신을 부족하다고 생각합니다. 그렇게 생각하는 '척'하는 것이 아니라, 제가 옆에서 볼 때 정말 그렇게 생각합니다.

가까운 예를 하나 들어 볼게요. 모리뉴 감독이 토트넘을 이끌던 시절이었습니다. 기자가 모리뉴 감독에게 손흥민이 월드클래스의 반열에 올랐는지 물었습니다. 이에 모리뉴 감독은 '손흥민이 월드클래스로 들어가기 위해 더 할 것은 없어요. 이미 월드클래스입니다. 그는 실력적으로 인성적으로 이미 대단한 선수예요.'라고 극찬을 했지요.

하지만 이 기사를 본 손흥민의 반응은 그야말로 '이보다 더 겸손할 수 없다.'였습니다. 본인은 아직 월드클래스가 아니며, 그런 질문이 나온다는 거 자체가 아직 본인이 월드클래스로 불리기는 부족하다는 뜻이라고 생각한다고 대답했지요.

손흥민은 늘 이런 마인드입니다. 언제나 자신은 부족하고 더 발전해야 한다고요. 인터뷰를 위해 매주 손흥민을 만나지만 '더 발전할 것들이 남아 있다.'라는 이야기들이 주를 이룬답니다. 그만큼 자신을 겸손히 낮추는 것이지요. 이런 겸손한 태도가 그를 더 돋보이게 하고, 그의 리더십에 힘을 실어 주는 것입니다.

Q. 다른 하나는요?

또 하나의 비결, 바로 손흥민은 언제나 진심이라는 점입니다. 팀 동료든, 스태프든, 상대 팀 선수든, 기자든 언제나 진심으로, 소탈하게 다가갑니다. 팀에 새로 온 선수가 있다면 먼저 다가가서 장난도 치면서 긴장을 풀어 줍니다. 팀원들과 친해질 수 있게 만드는 것이지요. 기존에 있던 선수들과도 언제나 대화를 하며 마음을 맞춥니다. 해리 케인과 콤비를 형성하며 골 기록을 갈아치웠을 당시에도 손흥민은 케인과 마음을 나누고, 삶을 나누었습니다. 진심으로 다가가고, 진실되게 대하는 것. 손흥민의 기본적인 리더십 방향이지요.

토트넘 홋스퍼 FC에서 손흥민과 함께 뛴 해리 케인

2장

꿈을 향하여

> "
> 내가 먼저 다가가지 않으면
> 친해질 수 없어. 들이대자.
> 부끄러움은 한순간이니까!
> "

새… 새로 전학 왔어.
앞으로 잘 지내자.

조 용

엇, 완전 무시….

뭐야, 이 반응은….

새로 온 친구와 모두 인사는 했지?

내일은 연습 경기가 있으니
다들 컨디션 관리 잘하도록! 알겠나?

네!

빵!

야!

응?

넌 오늘 저기서 자.

아… 그래.

방에서 맨 끝자리…
이게 텃세인가?

뭐…
끼어서 자면 불편하기나 하지.
오히려 좋아.

44

손흥민은 중학교 축구부에 들어오자마자 성인 여자 팀과의 연습 경기에 참가하게 되었습니다.

동료들과 한번도 호흡을
맞춰 보진 않았지만 일단 한번 뛰어 보자.
서로 실력을 파악할 겸 말이야.

네!

축구를 시작한 이후
정식 경기에 나서는 건 처음이야!

아이들과 비교해
내 실력은 어느 정도일까?

손흥민은 반신반의하며 경기에 참여했고,
그 결과는….

중학생이 되어서야 처음 시작한 축구부 생활, 그것도 처음으로 나선 정식 경기에서 손흥민은 두 골을 몰아 넣으며 승리의 주역이 되었습니다.

그날 저녁

오늘 새 주장을 뽑기로 했었지?

주장으로 추천하고 싶은 사람 이름을 여기에 적어 내도록 해라.

잠시 후

자, 개표를 시작하겠다.

오~ 손흥민!

앗!

손흥민

어라?
또 손흥민!

손흥민, 손흥민….

이것도…
손흥민!

손흥민은 축구부 생활을 시작하자마자 주장으로 뽑혔습니다.

이야~ 흥민아,
오자마자 동료들한테
제대로 인정 받았구나?

친구들에게 고맙지만
이건 정말 아닌 것 같아요.

주장은 저보다는
선배 형이 하는 게 좋을 것 같아요.

전 축구부에 들어온 지
얼마 안 돼서 아직
모르는 것도 많은데….

흐음….

그래, 네 생각이 그렇다면
그렇게 하자!

축구부 생활 시작과 동시에 벌어진 사건을 계기로 손흥민은 빠르게 축구부의 일원으로 자리 잡았고….

손흥민이 중학교 3학년에 올라가자, 육민관중학교는 제43회 추계 전국 중학교 축구 연맹전에서 준우승을 차지할 만큼 강한 팀으로 성장했습니다.

경제 사정이 넉넉하지 않았지만, 손웅정은 손흥민에게만은 언제나 좋은 장비를 마련해 주었습니다.

동북고등학교 축구부는 명문답게 실력이 뛰어난 친구들이 많았습니다.

와, 나랑 동갑인데
개인기 수준이 엄청나잖아!

헉! 피지컬이….
고교 선수 맞아?

좋았어.
어디 한번 붙어 보자고!

이런 환경에서 주눅이 들 법도 했지만, 손흥민에게는 오히려 더 강한
의지를 불태우는 동기가 되었습니다.

뭐야, 쟤 왜 저래?

하지만….

훈련 시작 전에
몸풀기로 운동장부터 돌자.

훈련 시작과 마무리 때마다
필요 이상으로 달리기를 하는 것 같아.

아빠랑 훈련할 때는 이렇게 하지 않았는데….

삑

삑

손흥민!

삑

!

정신 차려! 뭐 하는 거야?

손흥민은 어린 시절부터 해 오던 방식과 사뭇 다른 훈련에 적응하기 위해 끊임없이 노력했습니다.

그로부터 얼마 뒤, 손흥민의 인생을 바꾼 일생일대의 기회가 찾아왔습니다.

삐리리

흥민아, 당장 파주로 가야 한다.

앗… 네!

당당히 해외 유학 대상자로 선발되어 독일 분데스리가의 명문 구단 함부르크 SV로 축구 유학을 떠나게 되었습니다.

저 선수가 단연 돋보이는군요.

스피드도 좋고, 양발도 자유자재로 사용해요.

유학이라고 하기에는 너무나도 짧은 6개월이라는 기간이었지만, 막연히 꿈만 꾸던 유럽 땅을 밟을 수 있게 된 것입니다.

저 선수를 독일로 데려가겠습니다.

하루아침에 독일이라니!

하지만 이는 하루아침에 이루어진 일이 아니었습니다.

다시 한번 생각해 보심이 좋을 것 같습니다.

아버님, 정말 이게 최선일까요?

아닙니다. 흥민이와 함께 충분히 고민하고 심사숙고해서 내린 결론입니다.

죄송하지만 어떤 말씀을 하셔도 저희 생각은 바뀌지 않습니다.

유학이 끝난 다음에는 어쩌시려고요?

맞습니다. 불과 6개월이라면서요? 그 이후도 생각하셔야죠.

지금으로선 결정된 것이 아무것도 없지만, 흥민이가 한국으로 돌아올 일은 없을 겁니다.

· · ·

독일로 떠나기 전 손흥민은 동북고등학교를 자퇴했습니다.

흥민아,
너 배수진이라고 들어 봤니?

여자 이름?

누군지 모르겠지만
전 관심 없어요.
오로지 축구만….

사람이 아니야!
여자는 더욱 아니고!

큭!

배수진(背水陣)은 한(漢)나라의 대장군 한신이
강을 등지고 군대를 머물게 한 데서 유래한 말이다.

背水陣

생각해 봐라. 앞에서는 적이 몰려오는데
등 뒤는 깊은 강이 아주 세차게 흐르고 있어.
너라면 어떻게 하겠니?

강에 빠지지 않으려면
죽기 살기로 적에게 맞서야겠죠?

그래, 바로 그거야. 어떤 일을 성취하기 위해서
물러설 곳을 스스로 없애는 거지.
우린 지금 배수진을 친 거야.

네, 알겠어요.

학교까지 그만두는 초강수를 두었지만, 손흥민이 독일에서 맞닥뜨린 현실은 절대 만만치 않았습니다.

어질 어질

무슨 말인지 하나도 모르겠다!

wir Ga
ich Rein

나 왔어.

왔냐?

어서 와요, 형.

통!

무슨 일 있어?

털썩

하루하루가 무슨 일이지!
두 사람은 안 그래?

맞아, 말이 안 통하니까 너무 답답해!
훈련 때도 나를 은근히 따돌리는 것 같고.

난 음식 때문에 너무 힘들어.
처음 며칠은 괜찮았는데 이젠 한계야.

그래서 말인데….

?

내일 학교 빠지고
시내로 놀러 가지 않을래?
스트레스 받아서 더는 안 되겠어.

오, 난 갈래! 나도 데려가!
우리 아직 여기 구경도
제대로 못 했잖아.

….

형도 같이 가자!

난 됐어. 둘이 다녀와.

에이~ 하루쯤은 괜찮잖아?

사실 나도 놀고 싶은 마음은 굴뚝같은데…
내가 지금 강물에 휩쓸려 갈 위기거든.

그런 게 있어.

배수진을 치고 왔다는
사실을 잊지 말자!

강?

무슨 강?

한창 호기심이 많을 나이, 머나먼 타국에 혼자뿐이었지만 손
흥민은 한국에서와 마찬가지로 철저히 자기 관리를 했습니다.

그날부터 손흥민은 수단과 방법을 가리지 않고 독일어 익히기에 매진했습니다.

훈련장에서 동료들을 대하는 태도도 바꾸었습니다.

내가 먼저 다가가지 않으면 친해질 수 없어. 들이대자. 부끄러움은 한순간이니까!

열일곱 살 손흥민이 스스로 찾아낸 위기를 극복하는 방법은 바로 '긍정'이었습니다.

Hallo!

적극적으로 그들의 언어를 배우고 다가간 결과, 손흥민은 동료들의 마음을 사로잡았습니다.

근데 아까 걔가 뭐라고 한 거야?

나도 몰라. 걔가 웃길래 나도 웃었어.

통합 지식 플러스❷ ▼

유소년 축구

어린 선수들을 발굴하고 지도하는 것은
축구 발전에 아주 중요한 일이에요.
그래서 세계 여러 나라에서
유소년 축구에 투자를 아끼지 않지요.
유소년 축구에 대해 알아보아요.

하나 한국 유소년 축구 연맹

한국 유소년 축구 연맹은 대한 축구 협회의 관리, 감독 아래 1996년에 처음으로 설립된 기관입니다. 한국 유소년 축구 연맹의 주된 임무는 유소년 선수들을 발굴하고, 해외 명문 팀과의 교류를 통해 다양한 국제 대회에 참가할 수 있는 기회를 마련하는 것입니다. 이런 기회를 통해 뛰어난 기량이 해외에 알려진 선수들은 더 큰 무대에 나아가 선진 축구를 배울 수 있도록 축구 유학을 떠나기도 했습니다. 많은 축구 스타들도 유소년 축구의 발전을 위해 힘을 보태고 있는데, 세계적인 축구 선수인 박지성은 유럽 명문 구단의 제안까지 거절하고 한국으로 돌아와 유소년 선수들을 지원하는 사업을 펼치고 있답니다.

하지만 한국 유소년 축구 연맹은 회장의 보조금 횡령 등의 문제로 더 이상 운영을 할 수 없게 되었고, 결국 2020년 법원의 피산 선고를 받고 역사 속으로 사라지게 됩니다. 이후 대한 축구 협회에서 한국 유소년 축구 연맹에서 하던 업무를 이어 가게 되었습니다.

2017 화랑대기 전국 유소년 축구 대회 U-12 예선 모습

초·중·고 리그

초·중·고 리그는 말 그대로 초·중·고교 선수들이 참가하는 리그 대회입니다. 대한 축구 협회는 '주중에는 공부하고 주말에 경기하는' 선진국형 유소년 축구 문화를 만들기 위해 정부와 함께 초·중·고 리그 도입을 결정했습니다.

2009년 출범한 초·중·고 리그는 첫해에 총 576팀이 참가했고, 이후로도 리그에 참가하는 팀 수가 계속 늘어나고 있습니다. 경기는 주말과 공휴일, 평일 방과 후에 열리고 있으며, 3월부터 10월까지 권역별 리그가 시도협회의 주관하에 진행됩니다. 11월경에 권역 리그 우수 성적 팀들이 참가하는 왕중왕전은 대한 축구 협회가 직접 담당하고 있습니다. 대회 출범 이후 초·중·고교 선수들의 경기 경험이 확대되고, 개인 기량 향상, 비용 절감 효과 등을 거둘 수 있었습니다.

셋 손흥민 국제 유소년 친선 축구 대회

2022년 6월, 강원도 춘천 손흥민 체육 공원에서 손흥민 국제 유소년 친선 축구 대회가 처음으로 열렸습니다. 춘천은 손흥민이 태어나고 자란 곳이기도 합니다.

한국, 콜롬비아, 몽골, 베트남, 싱가포르, 인도네시아 등 6개 국가에서 만 12살 이하 유소년 선수단이 참가했습니다. 대회 중 축구 리그전과 풋살 경기가 진행되며, 친선에 의미를 두고 있기 때문에 별도의 순위를 정하지 않습니다. 선수와 가족, 관객 등이 즐기는 대회를 만들고자 한 것이지요.

특히 대회가 열리는 손흥민 체육 공원은 손흥민과 가족 등이 축구 꿈나무 육성을 위해 용지 매입부터 공사까지 직접 비용을 들여 만들었습니다. 그만큼 손흥민의 축구에 대한 사랑과 열정이 크다는 것을 알 수 있습니다.

넷 세계 청소년 축구 선수권 대회

FIFA는 축구의 활성화를 위한 계획의 하나로 세계 청소년들을 주인공으로 한 U-17과 U-20 대회를 추진합니다. 두 대회는 FIFA 월드컵, 대륙별 챔피언들이 참가하는 컨페더레이션스컵과 함께 세계 4대 축구 축제로 꼽히고 있지요.

먼저 U-20은 1977년 튀니지에서 처음 개최된 이후 2년마다 열려요. 한국 축구 대표 팀은 2019년 대회에서 준우승을 차지했습니다. U-17은 1985년 중국에서 첫 대회가 열렸으며, 대회 초기에는 16세 이하의 유소년들이 참가했지만 1991년 이탈리아 대회부터 17세 이하로 변경되었습니다. 여자 축구에도 U-20과 U-17이 있어요. 비교적 역사가 짧은 한국 여자 축구지만, 2010 독일 U-20에서는 3위, 2010 트리니다드토바고 U-17에서는 우승을 차지해 온 국민을 놀라게 했지요.

박지성 축구 센터에서 유소년 선수들을 훈련하는 박지성

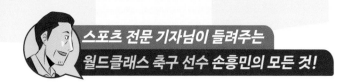

스포츠 전문 기자님이 들려주는
월드클래스 축구 선수 손흥민의 모든 것!

손흥민의 셀프 리더십(자기 관리)

성공적인 축구 선수로 살아남기 위해서는 자기 관리가 철저해야 합니다. 예전에 맨체스터 유나이티드에서 뛰었던 박지성 선수도 은퇴 후 "선수 생활 내내 절제하는 삶을 살았습니다. 보이지 않는 창살 안에서 사는 것과 같았어요."라며 철저한 자기 관리가 있었음을 고백하곤 했지요. 손흥민의 철저한 자기 관리에 대해 들려드릴게요!

Q. 손흥민은 어떻게 자기 관리를 하나요?

손흥민의 자기 관리는 크게 세 가지 축을 이루고 있습니다.

첫 번째는 '피지컬 관리'입니다. 운동선수는 몸이 재산입니다. 자신의 근육과 신체 능력을 활용해 경쟁을 펼치고 다른 선수들을 상대합니다. 다치지 않고 얼마나 많이, 그리고 얼마나 오래, 얼마나 빠르게 경기를 펼치느냐가 가장 중요합니다.

피지컬 관리의 핵심은 '회복 능력'입니다. 축구 선수들은 한 경기 90분을 뛸 때마다 대략 10km 정도를 뜁니다. 이는 공격수, 미드필더, 수비수, 골키퍼까지 모든 선수들의 평균값이지요. 손흥민은 '많이 뛰는' 편입니다. 보통 한 경기에서 13~14km 정도 뜁니다. 순간순간 빨리 속도를 올려야 하는 '스프린트'도 많습니다. 스피드를 주무기로 하는 선수이기 때문입니다. 그럴 때마다 근육이 받는 압박은 상당합니다. 이런 압박들이 쌓이면 부상으로 이어질 수 있습니다. 이 때문에 손흥민은 경기 후 회복에 집중합니다.

회복을 위해서는 근육에 쌓인 피로 물질들을 최대한 빨리 몸밖으로 배출하는 것이 중요합니다. 그래서 경기 직후 가장 먼저 스트레칭과 함께 냉수 샤워를 합니다. 이를 통해 피로 물질을 몸밖으로 빨리 내보내는 것이지요. 집에 가서는 바로 개인 트레이너에게 몸을 맡깁니다. 개인 트레이너는 2~3시간 동안 손흥민의 뭉친 근육을 마사지로 풀어 줍니다. 개인 트레이너는 손흥민이 가는 곳이라면 어디든지 따라가 늘 몸 관리를 해 줍니다. 그 덕분에 손흥민은 근육 관련 부상이 많지 않습니다.

Q. 두 번째는요?

두 번째 축은 '멘탈 관리'입니다. 유럽 축구계는 매 순간 긴장의 끈을 놓을 수 없는 정글입니다. 조금만 기량이 떨어지면 바로 경쟁에서 밀려납니다. 벤치로 밀려나고, 경기에 뛰지 못하게 되면 정신적으로 충격을 받습니다. 주눅이 들거나, 조급해지게 되는 것이지요. 다시 주전 선수 자리를 찾기 위해 무리를 하는 경우가 있습니다. 준비가 되지 않은 상태에서 무리하게 뛰다 자칫 잘못 부상이 오거나 더 큰 슬럼프에 빠지기도 합니다.

손흥민은 이 같은 상황을 긍정적인 사고 방식을 통해 잘 극복해 왔습니다. 2015년 여름 손흥민은 토트넘에 왔습니다. 하지만 기대와는 달리 2015~2016 시즌 주전 자리에서 밀려나는 등 토트넘에서 어려운 시간을 보냈습니다. 이때 손흥민은 다른 팀으로의 이적을 고민하기도 했지요. 하지만 그는 쉽게 포기하지 않았습니다. 오히려 '반드시 기회가 올 것이다'라는 생각을 마음속에 품고 더 노력했지요. 또한 그 기회가 왔을 때 놓치지 않기 위해 긍정적인 사고로 훈련하며 준비했습니다. 결국 2016년 9월 기회가 왔고, 멋진 골들과 도움을 기록하며 주전 자리를 차지했습니다.

Q. 그래서 손흥민의 멘탈이 강한 거였군요. 마지막은요?

'소셜 관리'입니다. 축구는 개인 종목이 아니에요. 11명의 선수가 한 팀으로 뛰는 '단체 스포츠'입니다. 그래서 팀원들끼리의 단합이 중요하지요. 가령 한 명의 스타 선수가 팀 승리가 아닌 자신의 골을 위해서 뛴다면 그 팀은 실패할 확률이 높아질 수밖에 없습니다. 하나의 팀으로 거듭나기 위해서 선수들 간의 관계가 중요합니다. 손흥민은 이를 잘 알고, 잘 대처하는 선수입니다. 처음 토트넘에 왔을 때 선수단 식당에 한식 뷔페를 차렸습니다. 자신을 소개하고 한국을 알리기 위해서였죠. 이를 통해 선수들과 더욱 가까워졌습니다. 손흥민은 시간이 날 때마다 선수들과 식사와 차를

결승골을 넣은 후 동료들과 기뻐하는 손흥민

마시면서 관계 쌓기에 집중합니다. 한때 팀 내 모든 선수들과 모두 다른 '핸드셰이킹'을 만들면서 관계를 돈독하게 만들었던 적도 있지요. 그만큼 선수들과의 관계 관리를 통해 팀 전체의 기량 향상을 꾀하고 있습니다.

3장

분데스리가에 나타난 신성

> 대단한 사람이 되기라도 한 것처럼
>
> 교만하게 행동하는 순간,
>
> 넌 네 꿈과 멀어지는 거야.

SON… 저 선수 한국에서 온 유학생 아닌가요?

마… 맞습니다.

방금 말씀하신 것과 좀 달라 보입니다만…?

손흥민은 특유의 긍정적인 성격과 자신감으로 동료들에게 먼저 다가갔고….

그, 그게 얼마 전까지만 해도 저렇지 않았거든요!

얼마 지나지 않아 동료들도 마음의 문을 열고 손흥민을 그들의 일원으로 받아들였습니다.

받아, SON!

그렇게 몇 달의 시간이 흘렀습니다.

그러게. 주말에는 실컷 자야지.

끄아아아~
드디어 주말이구나!
유난히 긴 한 주였어.

그러고 보니 SON,
너는 휴일에 뭐해?

나야 밀린 빨래에 설거지하느라 바쁘지.

크으~ 역시
유학 생활은 고달프군.

잘 가!
심심하면 연락해!

아~ 벌써부터
보고 싶어지네.

하
하
하 하
하

어?

벌써 가을이구나.

이 말은 곧….

독일에서의
축구 연수가 끝나 간다는 뜻!

연수 기간이 너무 짧은 것 같아요.
이제야 독일에 적응도 하고
자신감도 좀 붙었는데….

어쩔 수 없지.
이제 우리가 알아서
살길을 찾아야 해.

우리가 배수진을
치고 왔다는 걸 잊진 않았지?

그럼요. 전 어떻게든
독일에 남을 거예요!

나도 네가
우리와 함께하길 바라.

오,
정말인가요?

하지만 문제는 너야.

엥? 왜…?

독일에서 구단과 계약하고 선수 생활을 하려면 *비자가 필요한데, 비자 발급이 쉽지 않아.

네가 비자만 무사히 발급받는다면 우린 당장이라도 계약할 거야.

약속하신 거예요!

하 하 하 하

물론!

그러나 연수가 완전히 끝날 때까지 비자를 발급받지 못했고, 결국 손흥민은 소속이 없는 선수가 되고 말았습니다.

학교까지 자퇴하고 와서 돌아갈 곳도 없다!

난 이제 어떻게 되는 걸까?

*비자: 외국인이 어떤 나라에 방문하거나 머무를 때 필요한 일종의 허가증

함부르크에서 너를 좋게 보고 있지만,
적극적으로 원하는 건 아니야.

이 말은, 네가 팀에
꼭 필요한 선수라는 확신을
주지 못했다는 뜻이지.

일단 그 부분을 확실히 보여 주자.
그럼 뭐라도 수가 나겠지.

하지만 이제
기회가 없잖아요.

꼭 그들 앞에서만
보여 줘야 한단 법은 없잖니.

손흥민은 때마침 나이지리아에서 열릴 피파 U-17 월드컵의 국가대표로 선발된 상태였습니다.

이번 대회에서 확실히 돋보이는 활약을 한다면
함부르크에서도 가만히 있지 않을 거다.

NIGERIA
2009

FIFA
U-17 WORLD C

네!

결국 손흥민은 비자를 발급받아 함부르크 SV와의 계약에도 성공합니다.

120년이 넘는 역사를 자랑하는 함부르크 SV 구단 최초로 한국인 유소년 선수가 탄생한 것입니다.

함부르크 SV와 계약 이후 대중에게도 손흥민이라는 이름이 차츰 알려지기 시작했습니다.

유럽에서 축구 한다고 하니까 다들 대단한 성공이라도 한 줄 아네.

정작 내 생활은 달라진 게 별로 없는데….

손흥민은 계약 이후 구단에서 제공하는 숙소에 머물며 숙식을 해결할 수 있었지만, 고생스러운 생활은 여전했습니다.

크큭… 실상을 알면 아마 다들 깜짝 놀랄 거야.

그중 특히 손흥민을 힘들게 했던 것은….

밥! 쌀밥이 먹고 싶어요!

모락 모락

흥민아, 아~ 해 봐. 흐흐

형… 너무하네, 정말!

이제는 그냥 지켜볼 수만은 없겠소.

어쩌시려고요?

흥민이가 오로지 축구에만 집중할 수 있도록 해 줘야지.

얼마 뒤, 손웅정은 힘들어하는 손흥민을 위해 한국에서 하던 모든 일을 정리하고 독일로 왔습니다.

여기예요, 여기!

엉엉, 왜 이제서야!

녀석, 촐싹대긴!

내가 얼마나 기다렸는데 이제 오니.

어? 오셨어요? 킥킥.

그래, 너 밥 해 주러 왔다, 밥!

맛있냐?

네!

헉!

깨억

꺼억~ 이제 좀 살 만하네.

벌써 가시게요?

밥심을 채웠으니 이제 운동을 좀 해야지?

우… 운동이요?

내가 단지 밥만 해 주러 독일에 온 것 같니?

아… 아뇨.

그날 이후, 손웅정은 식사뿐만 아니라 일과 후 체력 훈련까지 책임지며 손흥민이 더 발전할 수 있도록 지원했습니다.

헉

헉

헉

좋아, 마지막 하나만 더! 힘내!

손웅정은 선수 숙소에서 멀리 떨어진, 함부르크에서 가장 저렴한 방을 매일 걸어서 오갔습니다. 손흥민은 이런 아버지의 모습을 보며 다짐하고 또 다짐했습니다.

손흥민은 피나는 노력과 아버지의 헌신 덕분에 예상보다 빨리 유소년 팀에서 리저브 팀으로 올라갈 수 있었습니다.

리저브 팀은 유소년 팀과 1군 사이 수준의 팀이구나.

그렇게 몇 달이 흐른 어느 날

SON, 다음 주부터 휴가지?

네! 이번엔 오랜만에 한국에 다녀오려고요.

한국에 다녀와서는 1군 프리시즌 훈련에 합류하도록 해.

엥? 왜요?

왜냐니? 몰라서 묻는 거야?

서… 설마…!

정말이냐?
진짜야?

그렇다니까요!

네가 감독님 말을
잘못 이해한 건 아니고?

아니에요!

흠...
1군에 마땅한 선수가 없었던 모양이다.
너 같은 애송이를 끌어올리다니.

애송이라뇨!

흠...

이래 봬도
경기장에선 제가….

으쓱

으쓱

시끄럽고,
운동 갈 준비나 해.

휘—익

퍽!!

윽!

지금 네 몸 상태로는 1군으로 올라가도 문제야.
거친 성인 선수들 사이에서 버티려면
체격과 체력 둘 다 더 키워야 해.

끄응….

오늘부터
웨이트 훈련량을
두 배로 늘리자.

네!

늘 말하지만, 겸손해야 한다.
이 정도 일에 그렇게 들떠선 안 돼.

헉

알겠어요.
오늘만 그 말을 백 번도
넘게 하셨다고요.

헉

헉

자라, 내일 보자.

조심히 가세요.

탁

하하, 됐어.
됐다고!

유~후~!

아빤 한때 독일 분데스리가에서
뛰는 게 목표였단다.
일찌감치 포기했지만….

왜 포기했는데?

그건….

괜찮아. 내가 아빠를
대신해서 분데스리가에 갈게!
이제 나만 믿어!

내 꿈에 한발 더 가까워졌다!

손흥민의 인상적인 경기 모습은 다음날 지역 신문에서 크게 다룰 정도였고….

"우리는 새로운 전설의 시작을 보고 있는지도 모릅니다!"

함부르크 SV는 손흥민과 곧바로 정식 계약을 체결했습니다. 한국을 떠난 지 3년 만에, 그것도 불과 18세의 나이로 이룬 쾌거였습니다.

시즌이 진행 중이던 2011년 1월, 손흥민은 카타르 아시안컵에 국가대표 팀으로 출전하게 되었습니다.

성인 국가대표 팀으로는 첫 출전이다!

청소년 국가대표 때와는 다른 무게감이 느껴진다!

2002년 월드컵 영웅들과 함께라니, 믿기지 않아.

하지만 가장 나를 설레게 하는 건 바로….

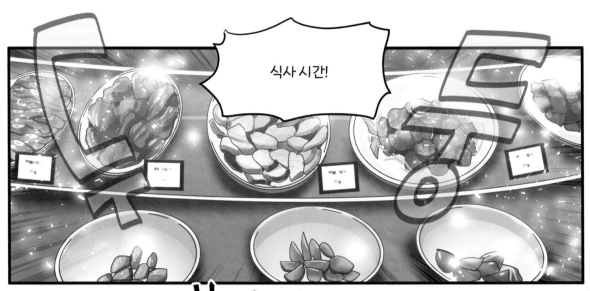

식사 시간!

헉!

와하하하!
저 녀석 좀 봐!

아이코!

헐...

국가대표 팀 식사가
맛있기로 유명하긴 하지.

한식이 많이 그리웠을 거야.
전 이해해요.

행복하다! 바로 이 맛이야!

이 대회에서 우리나라는 3위에 머물렀지만, 손흥민은 4경기에 출전하여 첫 A매치 골을 터뜨리는 등 눈에 띄게 활약했고, 이를 계기로 일약 스타가 되었습니다.

그럴 만하죠!
얼마 만에 온 한국인데!

헤 헤…

지금부터 아빠가 하는 말
잘 들어라.

?

스타 선배들과 좀 친해졌다고,
A매치에서 한 골 넣어서 팬이 생겼다고 해서
네가 달라지면 안 돼.

대단한 사람이 되기라도 한 것처럼
교만하게 행동하는 순간,
넌 네 꿈과 멀어지는 거야.

내가
최고야

우쭐

니 왜

나도 한국에 더 머물고 싶지만,
너를 보니 하루라도
빨리 떠나야 할 것 같다.

아… 알겠어요.

내 마음도 좀 이해해 주시지….
늘 엄하기만 하셔.

94

독일, 함부르크 SV 훈련장

그러나 손흥민이 아버지의 말을 진심으로 이해하기까지는 얼마 걸리지 않았습니다.

헉! 이…
이게 어떻게 된 일이야?
체중이…
4kg이나 늘었잖아!

국가대표팀에서 도대체 무슨 일이 있었던 거야, SON?

맛있는 음식 앞에서 너무 방심했다!

쯧쯧…
자기 관리가 저렇게 안 돼서야….

저 녀석은 뭔가 다를 줄 알았는데….

불어난 체중과 부상으로 경기력은 떨어졌고….

움직임이 둔해진 게
느껴진다.

모든 이의 기대와 관심을 한 몸에 받으며 시작한 2010-11 시즌은 암울하게 막을 내리고 말았습니다.

시즌이 끝나고 짧은 휴가를 얻은 손흥민은 아버지와 함께 한국으로 돌아왔습니다.

엄마!

아들!

이번에는 좀 길게 있다가 갈 거지?

네! 푹 쉬려고요.

. . .

다음 날

12

째깍

째깍

띠리리리리

흥민아, 일어나라.

삐럭

어서 일어나, 손흥민!

에…? 왜… 왜요?

훈련해야지.

씨익

컥!

헐…

고향 집에서 여유로운 시간을 보내며 지친 몸과 마음을 추스르겠다는 손흥민의 계획은 산산이 부서지고 말았습니다.

느리다, 더 빨리 달려!

한국의 축구, K리그

30년이 넘는 역사를 지닌
우리나라의 프로 축구 리그, 바로 'K리그'예요.
한국 축구의 발전과 함께해 온
K리그에 대해 알아보아요.

하나 K리그의 역사

잉글랜드의 '프리미어리그', 독일의 '분데스리가', 에스파냐(스페인)의 '라리가'는 세계 축구 팬들의 이목을 사로잡는 대표적인 프로 축구 리그입니다. 축구 선수들에게는 꿈의 리그로 불리기도 하지요.

우리나라에도 30년이 넘는 역사를 지닌 프로 축구 리그가 있는데, 바로 K리그예요. 1983년 대한 축구 협회에서 프로 축구 리그를 만들기로 결정하면서 '슈퍼리그'라는 이름으로 처음 선보인 프로 축구 대회는 개막 첫 해 2개의 프로 팀과 3개의 실업 팀까지 총 5개의 팀이 승부를 겨뤘어요. 그리고 2010년에 'K리그'라고 명칭이 변경되었고, 해를 거듭할수록 많은 축구팀이 창단되어 현재는 1부 리그에 12개 팀, 2부 리그에는 11개 팀이 있답니다.

대한 축구 협회에 기록된 한국 최초의 프로 축구 구단은 '할렐루야 축구단'입니다. 당시 내한 축구 협회 회장이었던 최순영에 의해 창단되어 1980년 12월 20일에

라리가에 속한 대표 구단인 레알 마드리드 CF와 FC 바르셀로나

© Muhaidib

창단식을 가졌으며, 동시에 대한민국 제1호 프로 축구단으로 공식 등록되었지요. 독수리 문양을 팀의 마스코트로 삼은 할렐루야 축구단은 1983년 처음으로 시작된 프로 리그에 참가한 5개의 구단 중 우승을 차지했고, 창단 18년 만인 1998년에 해체하며 화려한 역사를 마감했습니다.

 K리그 경기 방식과 구단 소개

매년 2~3월에 개막식이 치러지는 K리그는 봄에 시즌이 시작되어 가을까지 경기를 치르는 춘추제로 운영되며, 1부 리그와 2부 리그로 나뉘어요. 시즌 결과 1부 리그에서 낮은 성적을 기록한 구단은 2부 리그로 강등될 수 있고, 반대로 2부 리그에서 좋은 성적을 거둔 팀은 1부 리그로 승격될 수 있지요. K리그 1부 리그에 소속된 구단은 2024년 기준 12개 팀으로, 이들은 '홈 앤드 어웨이' 방식으로 팀당 38경기를 치러 최종 우승팀을 결정하게 됩니다. K리그에서 '홈 앤드 어웨이' 방식에 따라 경기를 운영하게 된 것은 1996년 프로 축구 연맹에서 각 구단에게 특정 지역을 배정해 지역 연고제를 실시하게 되면서부터예요. 이때부터 각 팀의 이름 앞에도 지역명이 붙게 된 것이지요. 포항 스틸러스, 인천 유나이티드처럼 말이에요. 만약 포항 스틸러스가 연고지인 포항 구장에서 경기를 치르면 '홈 경기'가 되는 것이고, 상대 팀의 지역으로 옮겨 경기를 하게 되면 '어웨이 경기'라고 한답니다. 또한 K리그에서 우수한 성적을 거둔 팀에게는 아시아 최고 클럽을 가리는 AFC 챔피언스리그에 참가할 수 있는 자격이 주어지지요.

셋 서포터즈

서포터즈(supporters)란 특정 스포츠 팀의 팬을 뜻하는 말이에요. 흔히 축구는 선수와 관중이 함께 하는 스포츠라고 하는데, 그런 이유에서 서포터즈를 '12번째 선수'라고 부르기도 합니다. 특히 K리그 경기에서 서포터즈는 관중 문화를 이끄는 큰 역할을 하고 있어요. 프로 야구나 프로 농구 경기에는 전문 응원단인 치어리더가 응원을 주도하지만, 축구는 순수하게 각 팀의 팬들이 자발적으로 결성한 서포터즈가 응원을 주도하는 경우가 많기 때문이에요. 그뿐만 아니라 서포터즈는 경기가 없을 때에도 온라인이나 오프라인 활동을 통해 다양한 행사나 팀과 관련된 캠페인 등을 벌이기도 하지요. 한국 축구 역사상 최초의 서포터즈는 1995년 유공 코끼리 구단의 서포터즈로 알려져 있으며, 가장 큰 규모의 서포터즈는 한국 국가대표 팀의 서포터즈인 '붉은악마'예요. 붉은악마는 국가대표 팀의 경기가 있을 때면 국내는 물론 해외 경기에서도 뜨거운 응원을 보내는 것으로 유명하답니다.

붉은악마의 엠블럼 ⓒ 대한민국 국가대표 서포터즈 클럽

손흥민의 위기 극복법

손흥민이 지금의 위치에 오르기까지는 결코 쉽지 않은 과정이 있었습니다. 하지만 그는 그때마다 위기를 이겨 내고 더 높은 곳으로 올랐지요. 손흥민의 위기 극복법에 대해 이야기해 볼까요?

Q. 늘 승승장구할 것 같은 손흥민에게도 위기가 있었나 봐요.

물론이지요. 첫 번째 위기는 2015년 여름 토트넘에 온 직후였습니다. 토트넘은 손흥민에게 큰 기대를 걸었어요. 그러나 손흥민은 이 시즌 상당히 부진했어요. 프리미어리그에서 단 4골을 넣는 데 그쳤어요. 처참한 실패였죠.

실패의 이유 중 하나는 현지 적응 실패였어요. 우선 프리미어리그 무대는 손흥민이 뛰던 분데스리가와 완전히 달랐습니다. 경기 템포가 분데스리가보다 훨씬 빨랐어요. 팀 동료 선수들과 볼을 주고받는 타이밍을 잡기가 쉽지 않았어요. 핵심은 볼이 없는 상태, 즉 오프 더 볼(off the ball) 상황에서의 움직임과 위치

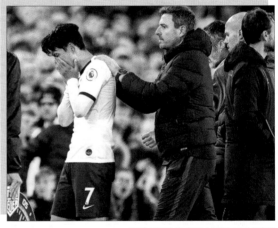

토트넘 합류 후 힘든 시간을 보낸 손흥민

선정이었습니다. 당시 손흥민의 위치 선정에는 아쉬움이 많았죠. 볼을 받는 움직임도 아쉬웠고요. 그렇기에 손흥민은 제대로 뛸 기회가 없었어요.

런던 생활도 하나의 변수였어요. 2015년 당시 손흥민은 23세였어요. 함부르크, 레버쿠젠 등 독일의 조용한 도시에서 살던 손흥민에게 런던은 아주 크고 재미있는 도시였어요. 축구 외에 다른 것에 많은 관심이 갈 수 밖에 없었습니다. 그렇다 보니 훈련 집중력이 떨어졌어요.

Q. 정말 힘들었을 것 같아요. 이런 상황을 어떻게 극복했을까요?

손흥민은 다시 자신을 다잡았습니다. 생활의 많은 시간을 축구에만 집중하기로 했어요. 자신에게는 축구를 잘하는 것이 무엇보다 중요하다는 것을 다시금 마음에 새겼지요. 오롯이 축구만 생각하고 모든 것을 축구에 맞췄습니다. 그렇게 준비하다 보면 언젠가 다시 기회가 올 것이라고 생각했죠. 그리고 그 기회가 온다면 절대 놓치지 않겠다고 마음을 다잡았습니다.

결국 2016년 9월 손흥민에게 기회가 왔습니다. 9월은 전 세계적으로 A매치 기간으로 팀 내 주요 선수들이 대표팀 경기를 위해 잠시 팀을 떠났지요. 이때 손흥민은 대표팀 경기에 가지 않고 런던에 머물렀습니다. 이어진 스토크시티 원정에서 손흥민은 선발 출전했어요. 이 경기에서 2골-1도움을 기록했어요. 이 경기를 기점으로 손흥민에 대한 평가가 달라졌어요. 이후 해리 케인이 부상을 당하면서 팀 내에서 손흥민의 중요성이 더욱 커졌지요.

Q. 역시 중요한 건 꺾이지 않는 마음이네요.

하지만 여기서 그치지 않고 또 한 번의 위기가 2023~2024시즌에 찾아왔어요. 해리 케인이 팀을 떠났죠. 손흥민은 토트넘의 간판이자 주장이 됐습니다. 주장이라는 완장의 무게는 너무 무거웠어요. 영국 언론들은 '주장' 손흥민에게 의구심의 눈길을 보였습니다. 경기 전후로 계속 '주장'의 자격을 의심하는 질문과 기사들이 쏟아졌지요.

손흥민은 역시 자기 자신을 믿고, 팬들을 믿고, 선수들을 믿기로 했습니다. 여기에 조금은 다른 주장의 모습을 보여 주었어요. 보통 팀 내 주장이라고 하면 그 선수 한 명이 독단적으로 팀을 운영하는 모습을 보일 때가 많아요. 그러나 손흥민은 제임스 매디슨, 크리스티안 로메로 등 팀 내 베테랑 선수들과 함께 소통하고 대화를 나누며 팀을 이끌어 나가기 시작했어요. '리더 그룹'을 형성하고 그를 통해 팀을 장악하고 함께 발맞추어 나가는 것이지요. 그 덕분에 손흥민과 리더 그룹은 팀을 안정적으로 운영하여 위기에서 벗어날 수 있었어요.

토트넘의 주장 손흥민과 동료인 제임스 메디슨

4장

새롭게 불어오는 바람

> 새 감독은 자신이 보고
> 경험한 것으로만 판단하고 평가할 거다.
> 네가 항상 준비되어 있다는 것을
> 확실히 보여 줘야 해.

여름 내내 아버지에 의해 '지옥을 맛 본' 손흥민의 몸 상태는 그 어느 때보다도 좋았습니다.

대, 대단해.

체중이 원래대로 돌아오니 몸놀림이 더 좋아졌어!

팀에서도 손흥민의 변화는 큰 화제였습니다.

맙소사, 매일을 그렇게 지냈단 말이야?

차라리 휴가가 빨리 끝나기를 바랐겠군.

흐흐, 그랬지.

분명한 사실은 아버지가 너를 살렸다는 사실이야. 그때 사실 구단은 널 거의 포기했었거든.

컥!

근데 왜 한마디도 안 했어?

후비적

프로 선수가 다 알아서 하는 거지 뭐….

얼마 뒤 2011-12 시즌이 시작됐습니다.

경기 종료!

큰일이다!

개막 후 지금까지 치른 여섯 경기 중 다섯 경기에서 졌어!

그나마 한 경기마저도 무승부….

손흥민은 좋은 컨디션으로 시즌을 시작했지만, 소속 팀인 함부르크 SV의 성적은 리그 최하위를 기록할 정도로 저조했습니다.

내가 안 좋을 땐 팀이 잘나가고, 내 상태가 좋아지니까 이번엔 팀 성적이 바닥이야!

함부르크, 강등 위기!

강등!

Fly Emirates

함부르크, 끝없는 추락!

얼마 뒤

감독이 바뀔지도 모른다는 소문 들었어?

역시… 이번 시즌 팀 성적이 부진하긴 했지.

당시 함부르크 SV의 감독은 손흥민을 1군을 발탁한 은인과도 같은 존재였습니다.

감독님이 경질된다고?

아무리 그래도 감독님을 내보내는 건 너무한 것 아닌가요? 마음이 너무 안 좋아요.

안타깝지만 어쩔 수 없는 일이다. 받아들여야 해.

잔인한 말이지만, 프로 팀의 사명은 오로지 좋은 성적을 내는 것이니까.

근데 지금은 감독님이 아니라 너를 걱정해야 하지 않을까?

제가 왜요?

코치 시절부터 너를 봐 온 감독과 달리 새로 올 감독에게 넌 그냥 어린 초짜 선수일 테니까.

…그것도 머나먼 축구 변방에서 온.

저벅

컥!

저벅

손웅정의 말대로 감독의 교체는 손흥민에게 큰 영향을 미쳤습니다.

오늘도 선발 명단에 오르지 못했다.

이번 경기도 벤치에만 앉아 있다가 끝나는구나.

SON, 나갈 준비해.

고작 10분을 남겨 놓고….

경기 종료!

벌써?

너무 짧다!
이래서는 아무것도 할 수 없어.

15
son

손흥민, 오늘 경기 태도가 그게 뭐야? 건성건성, 대충대충….

경기 끝나기 직전 10분이었어요. 그 시간에 제가 뭘 할 수 있었겠어요?

10분이면 승패가 몇 번은 뒤집히고도 남을 시간이야!

네가 10분 동안 비운 밥그릇을 봐라.

그… 그런가?

손웅정은 손흥민에게 좀 더 적극적인 자세를 가지도록 조언했습니다.

새 감독은 자신이 보고 경험한 것으로만 판단하고 평가할 거다.

네가 항상 준비되어 있다는 것을 확실히 보여 줘야 해.

그날 이후, 손흥민은 선발이 아니더라도 부지런히 몸을 풀며 적극적인 자세를 보였습니다.

언제든
달려 나갈 수 있도록
준비하는 거야!

SON은 벤치에서도
가만히 있지 않는군.

성실한 친구죠.

그리고 손웅정은….

이봐, 나 여기 괜찮아?

네, 멀쩡한데요?
왜요?

이상하군. 왜 이렇게 화끈거리고 따끔따끔하지? 벌에 쏘였나?

헉! 저… 저기….

손흥민을 선발로 출전시켜야지 뭐 하는 거야? 우리 아들 기량이 저기 웬만한 선수들보다 훨씬 나은 걸 모르는 건가? 우리가 독일까지 와서 얼마나 고생한 줄 알기나 해?

나… 나를 왜 저렇게 노려보는 거야?

SON의 아버지예요.

아….

좋은 아침….

헉! 부… 분위기가 왜 이래?

침—묵

강등 위기잖아.
분위기가 좋을 리 없지.

오늘 경기에서 지면 끝이라고.

분데스리가
역사상 함부르크가
강등된 적은
단 한 번도 없어.

우리가
불명예의
주인공이 되겠군.

이해는 하지만
이럴 때일수록
더 힘을 내야 하는 것
아닌가….

강등을 코앞에 둔 시점에서 손흥민은 오래간만에 선발 출전의 기회를 얻었습니다.

전반 12분

무려 182일 만에 기록한 시즌 4호 골이었습니다. 무엇보다
함부르크 SV를 강등 위기에서 구해 낸 귀중한 득점이었지요.

이날의 골로 손흥민은 함부르크 팬들의 영웅이 되었고, 새 감독에게도 강한 인상을 남겼습니다.

새 감독의 신뢰를 바탕으로 다음 2012-13 시즌에는 총 33경기에 출전, 12골 2도움이 라는 기량을 뽐냈습니다.

손흥민은 어느덧 선발 출전이 보장된 함부르크 SV의 주전 공격수가 되어 있었고, 자연스레 손흥민에게 관심을 가지는 구단들도 생겨났습니다.

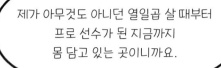

제가 아무것도 아니던 열일곱 살 때부터 프로 선수가 된 지금까지 몸 담고 있는 곳이니까요.

그러니까요!

하긴, 네가 크게 성장한 곳이지.

이번에 프리미어리그 팀들도 오퍼를 제법 넣었나 보던데….

거기가 어느 팀이죠? 당장 짐을 싸겠습니다.

의리 없는 녀석!

어쨌든 이제 이적을 진지하게 고민해 볼 때가 오는 것 같구나.

자연스레 이들을 보며
축구 선수를, 유럽의 빅리그를
꿈꾸는 아이들도 생겨났어요.

이른바 '월드컵 키즈'라 불리는 세대죠!

와!

그게 바로 접니다.
훗!

그러니까, 프리미어리그를 향한
제 열망은 2002년 월드컵 때부터라고
할 수 있는 거죠!

그래, 네 의지는
잘 알았으니까….

짜잔

문 좀 닫자!
왜 냄새나게 화장실 문을 열어 둔 거야!

뿌득

으응

물론 전 이곳 함부르크를 무척 아끼지만….
제가 더 큰 리그에서 승승장구하는 것 또한
함부르크를 빛나게 하는 일이겠죠?

그래, 제발 일 끝내고 나와서
얘기하라고!

콜록

한마디 더 하자면….

그… 그만!

키잉

턱

부들

부들

빠아아

부르르르

털

털

그러니까 제 결론은….

프리미어리그에
가고 싶단 거잖아?

헤헤, 꼭 그렇다는 건 아니고요.

근데 이적은 그렇게 의지만으로 결정할 일이 아니야.

그럼 어떻게 해야 하는데요?

여러 가지 상황과 변수를 고려해야지. 냉철하게!

먼저, 네가 확실히 선발로 출전할 수 있는 팀이어야겠지?

명문 구단에 입단했어도 선발 명단에 네 이름을 올리지 못하면 소용없으니까 말이다.

그러네요. 당연한 건데 미처 생각하지 못했어요.

유럽 축구 연맹(UEFA)이 주관하는 챔피언스리그는 매년 유럽 각국의 리그에서 최고의 성적을 거둔 36개 팀이 겨루는 대회입니다.

손흥민은 아버지와 상의 끝에 분데스리가의 또 다른 명문 구단인 바이어 04 레버쿠젠으로 이적을 결정했습니다.

 통합 지식 플러스④ ▼

축구계의 전차 군단, 독일

손흥민이 해외 유학을 떠난 독일은
FIFA 월드컵에서 총 네 번이나 우승할 정도로
역사와 전통을 자랑하는 축구 강국이지요.
독일 축구에 대해 알아보아요.

하나 독일 축구의 역사

독일을 대표하는 스포츠인 축구는 국제 축구에서 전통과 힘을 지닌 것으로 유명해요. 1954년, 1974년, 1990년, 2014년까지 총 네 번이나 FIFA 월드컵 우승을 차지했으니까요. 독일의 대표 팀은 그 막강한 전력을 막을 자가 없다고 하여 '전차 군단'이라고도 불립니다.

1890년대 잉글랜드를 통해 현대식 축구를 접한 독일은 1900년 독일 축구 협회를 설립하고, 여덟 번째로 FIFA 회원국으로 가입했어요. 하지만 두 차례나 세계 대전을 치르며 독일 축구는 큰 위기를 맞았지요. 전쟁 중에도 국가 대항전에 참가하며 비교적 좋은 성적을 보여 주기는 했지만, 제2차 세계 대전이 끝난 뒤 FIFA는 독일이 국가 대항전에 나갈 수 없도록 징계했어요. 얼마 뒤 징계는 해제되었지만 독일은 한 민족임에도 세 개의 대표 팀(서독, 동독, 자르보호령)으로 갈렸고, 1974 서독 월드컵에서는 서독과 동독이 결승전에서 만나 승부를 가르기도 했어요. 그 후 독일의 공식 대표 팀이 된 서독은 월드컵에서 좋은 성적을 거두었고, 통일이 된 다음에도 독일의 국가대표 팀은 세계 축구 최강자로 군림하고 있습니다.

둘 엠블럼의 뜻

대한민국 축구 대표 팀의 엠블럼은 용맹과 지혜를 상징하는 호랑이가 주인공이에요. 그렇다면 독일 대표 팀의 엠블럼은 어떤 상징과 의미가 담겨 있을까요?

독일 대표 팀 선수들의 유니폼에는 세 개의 원 안에 독수리가 그려진 엠블럼이 새겨져 있는데, 독수리는 독일의 국장(국가를 대표하는 휘장)에도 사용될 만큼 그들을 상징하는 동물이지요. 용맹과 위엄, 자유를 상징

독일 국가대표 팀의 엠블럼

 ## 셋 FIFA 랭킹과 역대 전적

FIFA는 1993년 8월부터 매달 회원국들의 경기 성적을 분석해 순위를 발표하고 있습니다. 'FIFA 랭킹'으로 불리는 이 순위는 월드컵 본선 시드 배정에도 활용되기 때문에 211개 회원국과 축구 팬들이 늘 촉각을 세우고 결과를 지켜보지요. FIFA 랭킹의 순위 선정 방식은 각 대표팀의 경기 성적을 점수화해서 최종 순위를 발표하는데, 경기의 결과와 중요도, 상대 팀 랭킹 등을 따져 포인트를 계산하고, 월드컵 우승국에게는 3백 점을 추가해 줘요.

FIFA 랭킹이 도입된 후 처음 1위에 오른 국가가 바로 독일이에요. 서독과 동독이 통일을 한 1990년대에는 사회 전반적으로 혼란이 있어 축구 역시 침체기를 겪었지만 독일의 전차 군단은 멈추지 않고 내달려 2010년대에 들어 다시 강팀의 면모를 과시하기 시작했어요. 그리고 마침내 2014 브라질 월드컵에서 네 번째 우승컵을 들어 올려 실력이 녹슬지 않았음을 증명했습니다.

하는 독수리는 독일 축구 협회의 마스코트이기도 해요. 검은 깃털에 노란 부리를 지닌 마스코트의 이름은 '파울러'로, 독일을 여행하다 보면 곳곳에서 쉽게 찾아볼 수 있어요.

독일 대표 팀의 엠블럼은 선수들이 입는 유니폼 왼쪽 가슴 상단에 새겨지며, 유니폼은 단순하고 깔끔한 디자인으로, 흰색 바탕에 국기에 사용된 검정, 노랑, 빨강이 고루 들어가 있습니다.

2014 브라질 월드컵에서 최종 우승한 독일 국가대표 팀 ⓒ Danilo Borges

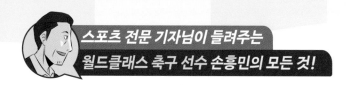
손흥민의 goal(목표)

손흥민은 축구를 시작한 이래 언제나 목표를 세우고, 그 목표를 향해 달려왔습니다. 그리고 목표들을 하나하나 이루면서 지금의 자리에 섰지요. 세계적인 프로 축구 선수가 된 지금도 역시 목표를 향해 열심히 달리는 손흥민, 그의 목표가 무엇인지 이야기해 볼게요.

Q. 손흥민에게 가장 행복한 순간은 언제일까요?

"축구가 너무 좋아요. 좋아하는 축구를 최대한 오래, 그리고 잘하고 싶어요."

손흥민을 만나서 이야기를 하다 보면, 그의 입에서 자주 나오는 말입니다. 손흥민은 축구를 사랑합니다. 모든 것이 여기에서 시작해요.

손흥민이 어렸을 때 자신의 친형을 따라 축구공을 차기 시작했어요. 아버지와의 혹독한 훈련의 시간도 있었어요. 하루에 1만 번씩 볼 리프팅을 하면서 다리 곳곳에 멍이 들었어요. 넘어지고 구르고 멍이 드는 시간의 연속이었어요. 그래도 손흥민은 훈련을 게을리 하지 않았어요. 축구를 너무 좋아하고 사랑했기 때문이에요.

독일에 간 후에도 어려운 시간이 많았어요. 독일 선수들의 텃세도 상당했답니다. 아시아에서 온 어린 선수를 가만히 두지 않았어요. 그래도 손흥민은 축구의 본고장인 유럽에서 볼을 찬다는 기쁨에 충만했어요. 어려운 시간도 참고 견뎠어요. 그러면서 자신도 성장해 나갔어요.

시간이 흐르면서 손흥민의 시야도 넓어졌어요. 자기 자신의 즐거움과 사랑을 위해 볼을 차던 소년은 다른 사람들까지 돌아보게 되는 청년이 됐어요. 바로 팬들이지요. 토트넘의 홈구장인 영국 런던 토트넘 홋스퍼 스타디움에 가면 수많은 한국인들을 볼 수 있어요. 6만석 규모의 구장이에요. 매 경기 적어도 2000~3000명의 한국인들이 경기를 보고, 손흥민을 응원하러 경기장을 방문해요. 적지 않은 돈을 들여서 한국에서 영국까지 날아오곤 하죠.

손흥민도 이를 잘 알고 있어요. 그리고 감사함을 절실히 느낍니다. 항상 팬분들을 웃게 해 드리기 위해 뛴다고 이야기해요. 실제로도 그런 마음 가짐으로 뛰고. 손흥민에게 골과 승리는 자기 자신만을 위하는 것이 아니라 팬들을 위한 것이기도 해요. 팬들을 기쁘게, 팬들을 웃게 해 드리겠다는 약속을 지키기 위해 손흥민은 오늘도 한 발 더 뛰고, 한 번 더 슛을 하곤 해요.

Q. 팬들을 위해 뛰는 손흥민, 너무 멋지네요!

이런 손흥민에게 남아 있는 단 하나의 약속이 있다면 바로 우승일 거예요. 아직 손흥민은 프로 선수로서 생활을 시작한 이후 단 한 번의 우승도 하지 못했어요. 물론 2018년 아시안게임 우승은 있어요. 그러나 23세 이하 아시안게임 대표팀의 일원으로 우승했던 것이기에 그 무게감은 떨어져요. 토트넘 소속으로 그리고 국가대표 팀 소속으로는 우승을 하지 못했어요.

제 아무리 잘하는 선수라고 하더라도 우승이 없다면 그 선수의 가치는 평가절하되곤 합니다. 그렇기에 많은 스타 선수들이 우승을 간절히 원하는 것이지요. 2019년 6월 스페인 마드리드에서 열린 유럽 챔피언스리그 결승 당시 손흥민은 토트넘의 공격수로 90분 풀타임을 뛰었어요. 그러나 리버풀에게 0대 2로 지면서 우승컵을 놓쳤어요. 경기 후 손흥민은 펑펑 눈물을 쏟았어요. 우승에 너무 목말랐는데 그것을 놓쳐서 너무 아쉬웠기 때문이에요.

손흥민은 이제 우승을 원합니다. 팬들과의 약속이기도 하고요. 우승컵을 들게 된다면 자기 자신뿐만 아니라 팬들도 기뻐할 것이라는 것을 너무나도 잘 알고 있어요. 이미 프리미어리그 득점왕, 프리미어리그 최고의 선수 타이틀은 가져갔었기에 이제 우승만 남았어요. 손흥민은 오늘도 다시 축구화 끈을 바짝 조여 맵니다. 팬들과 함께 우승의 감동을 맛보기 위해서요.

경기장을 가득 채운 팬들을 향해 인사하는 손흥민

5장

"

때로는 다른 곳에서

답을 찾는 것도 방법일 것 같다.

"

SON, 준비됐어?

언제든지요!

와─아
와

등
툭 툭
등
등
등

7
SON

잔디 감촉도 좋고, 몸도 가벼워.
새로운 시작이다!

번
득

손흥민은 독일축구협회(DFB)의 컵 대회인 포칼 1라운드에서 레버쿠젠 데뷔골과 첫 도움을 기록했습니다.

함부르크에서 온 한국인 선수, SON! 레버쿠젠 데뷔전에서 골을 터뜨립니다!

교체 투입후 20분이 채 지나지 않은 시점! 아주 강렬한 데뷔군요!

이어진 바로 다음 경기에서도 골을 기록하며 팬들의 높은 기대에 부응했고, 얼마 뒤에는 꿈에 그리던 UEFA 챔피언스리그에도 데뷔합니다.

밤잠 설치며 지성이 형의 챔피언스리그 경기를 보던 내가 지금 그 자리에 서다니…!

챔피언스리그는 전 유럽 클럽 축구의 최강자들이 맞붙는 영예로운 대회로, 축구 선수라면 누구나 꿈꾸는 최고의 무대입니다.

얼마 뒤

다녀왔습니다.

와, 왔니?

?

뭔데 그렇게
급하게 감추세요?

아무것도 아니다.

휘이- 휘이-

어색하게 휘파람
부는 척하지 마시고
얼른 말씀해 보세요.

앗! 저게 뭐지?

뭐? 뭔데?

아~ 기사 보고 계셨구나.

컥!

SON, 슬럼프인가, 실력의 한계인가?

아….

〈가장 비싼 벤치 멤버를 데려온 레버쿠젠〉

걱정하지 마라. 시간이 해결해 줄 거야.

내색하지 않았지만
아빠도 신경을 많이 쓰고 계시는구나.

하지만 슬럼프는 얼마 뒤 벌어진 경기에서 의외로 쉽게 해결됩니다.

근데 나도 어떻게 해야 할지 모르겠어!

사실 손흥민은 데뷔 초반 두 골을 기록한 이후 줄곧 슬럼프에 빠져 있었습니다.

SON, 친정 팀을 상대하는 건 처음이지?

네, 기분이 묘하네요.

바이어 04 레버쿠젠 대 함부르크 SV

우~ 배신자 SON!

거짓말쟁이 SON!

우~ 우~

분데스리가를 떠나라!

경기력을 되찾은 손흥민은 이후 2013-14 시즌 동안 국가대표 팀 활동을 포함해 무려 49경기에 출전하는 기염을 토했습니다.

2014년 5월, 시즌을 끝낸 손흥민은 브라질에서 열리는 2014 FIFA 월드컵에 국가대표 팀으로 발탁되었습니다.

손흥민 선수, 생애 첫 월드컵에 참가하는 소감이 어떠신가요?

대한민국의 최종 성적을 예측한다면요?

열심히 노력했으니 좋은 결과가 있을 것으로 생각합니다.

…라고 겸손하게 말했지만 사실 속마음은 다르다!

팀의 챔피언스리그 여덟 경기에 모두 선발 출전한 나야.

지금은 누가 내 앞에 있든 자신 있게 상대할 수 있어!

생애 첫 월드컵을 맞이하는 손흥민은 자신감에 차 있었습니다.

경기 종료!

아쉽게도 대한민국 월드컵 16강 진출에 실패하고 맙니다.

내가 꿈꾸던 생애 첫 월드컵은 이런 게 아니었는데….

2014 FIFA 월드컵에서 대한민국은 27위라는 저조한 성적을 기록하며 16강 진출에 실패하고 말았고, 아쉬움과 허무함에 북받친 손흥민은 뜨거운 눈물을 흘렸습니다.

손흥민!
이번 대회 세 번째 골을
기록합니다!

팀으로 돌아간 손흥민은 월드컵의 아쉬움을 달래기라도 하듯, 시즌 전반기에만 두 자릿수 골을 기록했습니다. 또한 2015년 1월, 호주에서 열린 AFC 아시안컵에서도 대한민국의 준우승을 이끌었습니다.

레버쿠젠의 선수 교체입니다.
누구를 불러들이나요?

2015-16 시즌 하반기

손흥민은 체력이나 경기력에 아무런 문제가 없음에도 다른 선수로 교체되는 일이 잦아졌습니다.

수고했다.

아빠도 보셨죠?
전 아무런 문제가 없었어요!

....

결국 손흥민은 2015년 8월, 영국 프리미어리그의 토트넘 홋스퍼 FC로 이적하게 됩니다.

SON, 네가 함부르크에 있을 때부터
내가 몇 번이나 너를 만나려고 했던 것 알아?

포체티노 감독님이 저를요?
직접?

그래! 런던으로 널 초대까지 했는데
번번이 네 아버지에게 거절당했지.

어험!

아버지는 시즌 중에 네가 흔들릴까 봐 걱정하셨던 거야. 그 이유를 듣고 나니 나도 어쩔 수 없더군.

아빠 항상 내가 생각하는 것 그 이상을 염두에 두고 계시는구나.

하하 하 하

포체티노 감독은 오랜 시간 손흥민을 지켜보며 자신이 구상하는 축구에 딱 맞는 선수라고 생각하고 있었습니다.

마침 내일 홈 경기가 있으니까 당장 팬들에게 인사를 하자고.

좋습니다!

포체티노 감독님은 누구보다도 나를 잘 이해하고 믿어 주는 느낌이야.

다음 날, 손흥민은 프리미어리거로서 소속 팀 토트넘 홋스퍼 FC의 홈구장을 방문하게 됩니다.

어이~ 여기야, 여기!

뭐 하느라 늦은 거야? 한참 기다렸잖아!

일찍 와서 새 유니폼을 샀거든.

SON 7

엥?

SON?

쳇! 약속 어기고 혼자 온 게 누군데?

그럴 일이 있었어.

이번 시즌 이적한 동양인 알지?
분데스리가에서 온 친구 말이야!

물론 알지.

처음에 좀 미덥잖았는데
볼수록 실력이 제법이더라고.

그래서 지금부터
이 몸이 팬을 해 주려고.

큰 선심이라도
써 주는 것 같네.

크크…
네가 뭔데?

오홍

푸하하

하하하

내가 축구는 못 해도
축구 보는 눈은 정확한 것 알지?

으쓱

SON은 분명 토트넘의
핵심 선수가 될 거야!

근데….

흠음?

너 말고도 다들 그렇게 생각하거든!

맞아.

앗! 너희도?

잘해라, SON! 우리가 팬이 되어 줄게!

와

어떡해! 방금 나 보고 웃은 거 맞지? 엉엉.

손흥민은 팀 이적 후 매 경기에 선발 출전하며 순조롭게 적응했습니다.

그러나….

으윽…!

찌릿!

족저근막염이군요.

발바닥 뒤꿈치에서부터 발가락까지
막처럼 얇고 넓게 퍼져 있는 근막이 손상됐어요.

과격한 운동을 많이 하는
선수들에게 자주 발생하는 부상이죠.

아….

그런데, 이전부터
통증이 있었을 텐데
느끼지 못했나요?

어떻게 된 거야, SON?

설마 아픔을 참고
경기에 출전했던 거야?

의사의 말대로 손흥민은 이전부터 통증을 느끼고 있었습니다.

얼마 전

으… 확실히 정상은 아니야.
검사를 받아 봐야 할 것 같은데….

근데 타이밍이 하필….

하지만 당시 토트넘으로 이적한 직후였기 때문에
조심스러웠던 것이지요.

새로운 팀에 오자마자 부상 소식을 전하면
나쁜 이미지로 낙인 찍힐지도 몰라!

조심하면 괜찮아지겠지.

완치까지 얼마나 걸릴까요?

이 상태라면 대략 한 달 가량 걸리겠군요.

하, 한 달이나요?

으이구~ 미련한 녀석아!

호미로 막을 수 있던 일을 결국 가래로 막게 되었구나.

아픈 곳이 있으면 진작 말했어야지!

네 부상은 단순히 너만의 문제가 아니란 걸 잊지 말거라.

제 생각이 짧았어요.

나 때문에 소속 팀은 물론 국가대표 팀 경기까지 영향을 끼치게 됐다!

내가 어리석었어.

손흥민은 치료에 집중하면서도 불안한 마음을 떨쳐낼 수 없었습니다.

나 없이도 팀이 승승장구해서 내 존재감이 없어지면 어떡하지? 그럼 난 또 벤치 신세가 될 텐데….

아냐, 이건 아니지.

못났다, 정말!

뭐라고요?

아… 아니에요, 죄송해요!

결국 손흥민은 시즌이 끝날 때까지 눈에 띄는 활약을 하지 못했습니다.

빠뜨린 건 없지?

그럼요, 짐 싸는 게
어디 한두 번인가요?

쯧쯧...
팀 일정으로도 고단할 텐데.

아니에요.
지금으로선 오히려 이게
기분 전환이 될 것 같아요.

가서 맛난 음식도 많이 먹….

살벌

적당히, 적당히 먹고요.

하 하 하 하

손흥민은 2016년 브라질 리우데자네이루에서 열린 하계 올림픽 축구 국가대표 팀에 와일드카드로 참가했습니다.

특별히 주어진 기회인 만큼 큰 활약으로 보답해야 해.

끼이잉

'와일드카드'란, 출전 자격을 획득하지는 못했지만, 특별히 출전이 허용된 선수를 뜻합니다.

조별 리그 C조 1차전
대한민국 대 피지

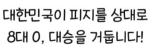

대한민국이 피지를 상대로 8대 0, 대승을 거둡니다!

조별 리그 C조 2차전
대한민국 대 독일

손흥민! 골이에요, 골! 후반에 역전 골을 내 줬던 한국, 손흥민 선수의 골로 다시 원점이 됩니다!

조별 리그 C조 3차전

대한민국! 멕시코를 누르고 C조 1위로 8강에 진출합니다!

와일드카드로서 어깨가 무거웠는데
후배들이 잘해 줘서
오히려 제가 끌려가는 느낌입니다.

최근에 이렇게 행복하게
축구를 했던 적이 또 있었나 싶을 정도예요.

하지만 국가대표 팀은 8강전에서 마주한 온두라스에게
패배하여 4강 진출에 실패하고 말았습니다.

2016년 하계올림픽 출전은 손흥민에게
큰 자극제가 되었습니다.

아쉽습니다!
온두라스에게 패하면서
대한민국은 4강 진출에 실패합니다.

하지만 우리 선수들,
잘 싸워 줬어요.
이 성적도 대단한 겁니다!

올림픽이 끝난 뒤 뒤늦게 합류한 2016-17시즌부터 손흥민은 거짓말처럼 경기력이 살아났습니다.

매 경기 자신의 기록을 갈아치우고 있어요!

SON, 환상적인 마무리로 토트넘을 위기에서 구합니다!

지난 시즌 부진에 빠져 있던 그 선수가 맞나요?

2016-17시즌 손흥민은 MOM, 이달의 선수상 등을 휩쓸며 토트넘의 확실한 주전이자 핵심 선수로 자리매김했습니다.

2018년, 손흥민은 자신의 두 번째 월드컵에 참가합니다.

2018년 러시아 월드컵 32강 본선 조별 리그 3차전
대한민국 대 독일

기성용 선수의 부상으로
오늘은 손흥민 선수가
대신 주장 완장을 차고 출전합니다.

비록 16강 진출에는 실패했지만, 손흥민이 이끄는 국가대표 팀은 세계 최강 독일을 상대로 멋진 승리를 거둡니다.

마침 상대가 독일이라
오히려 더 잘된 일인지도
모르겠습니다.

공격수로서 화려한 득점 쇼를 보여 주지는 않았지만, 사람들은 패스와 조율에도 능수능란한 '리더 손흥민'을 목격할 수 있었습니다.

독일 축구의 심장, 분데스리가

손흥민이 오랫동안 활약한 분데스리가는 세계 3대 축구 리그라고 불릴 만큼 경기력이 뛰어나고 관중 수도 많은 축구 리그예요. 분데스리가에 대해 알아보아요.

하나 분데스리가의 역사

분데스리가의 엠블럼

독일의 프로 축구 리그 분데스리가. 분데스리가는 독일어로 'Bundes(연방)'와 'Liga(리그)'가 합해진 말이에요. 독일의 정식 명칭은 '독일 연방 공화국'으로, 각 지방의 고유한 문화를 유지한 연방 정부와 16개의 주 정부로 구성되어 있거든요.

시즌마다 뜨거운 열기로 이름 높은 분데스리가는 1963년 8월 24일에 시작되었습니다. 그 전에는 지역별로 리그를 치른 후 우승 클럽들이 모여 챔피언을 선출했는데, 독일 축구 클럽들의 전력을 국제 수준으로 끌어올리기 위해 새로운 리그를 만들게 된 것이지요.

처음 리그가 시작되었을 때는 서독 지역의 16개 클럽이 참가했는데, 해를 거듭할수록 리그 운영이 안정되고 인기가 높아져 참가하는 클럽의 수도 늘어나, 1965년에는 총 18개 클럽이 분데스리가에 참가했습니다. 또 1990년 독일 통일 이후에는 동독에는 별도의 리그 시스템인 '오베르리가'가 운영되고 있다가 통일 이후 분데스리가에 합류했어요.

둘 리그 운영 방식

분데스리가는 1부 리그와 2부 리그로 나뉘어 운영되고, 시즌마다 각 클럽의 점수를 합산해 승격과 강등 여부를 결정합니다. 1부와 2부 리그에 각 18개 클럽이 참가하며, 소속 클럽들은 홈 앤드 어웨이 방식으로 클럽당 34경기를 치러요. 시즌이 끝날 때 상위 리그 17, 18위 팀은 하위 리그로 강등당하고, 하위 리그에서 1, 2위를 한 팀은 상위 리그로 승격됩니다. 그리고 1부 리그 16위 팀과 2부 리그 3위 팀은 플레이오프를 진행하여 승격과 강등을 결정합니다.

분데스리가는 매년 8월 전기 리그가 시작되고, 12월부터 2월까지 휴식기를 가진 후에 다시 5월 중순까지 후기 리그를 치르지요. 다른 리그에 비해 겨울 휴식기가 길다는 평도 많은데, 그건 독일의 겨울이 몹시 춥기로 유명하기 때문이에요.

단들이 많은데, 주목할 점은 모두 시민 구단으로 운영되고 있다는 점입니다. 이것은 분데스리가만의 독특한 운영 방식으로, 각 구단 지분의 절반은 팬과 구단이 가지고 있어야만 하지요. 기업이나 외국 자본이 들어가면 상업적으로 변질될 것을 방지하는 차원에서 마련된 규칙입니다. 그래서 분데스리가는 각 구단과 소속 지역의 시민들 간의 연계가 매우 잘되어 있는 것으로도 유명해요. 시민들은 자신이 살고 있는 지역을 대표하는 구단에 무한한 애정과 자부심을 갖고, 경기 때마다 열렬한 응원을 보내요. 그리고 구단은 지역 경제의 활성화를 위해 일자리를 제공하고 다양한 이벤트를 통해 시민들과 소통합니다. 바로 이런 점이 분데스리가가 세계에서 가장 뜨거운 열기를 지닌 리그로 성공할 수 있던 열쇠가 되어 준 것이지요.

FC 샬케 04 서포터즈 모습 ⓒ Orchi

2006 독일 월드컵을 앞두고 지어진
독일 알리안츠 아레나 축구 경기장 ⓒ Patrick Huebgen

셋 분데스리가의 성공 비결

분데스리가에는 오랜 전통과 역사를 지닌 명문 구

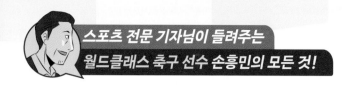
손흥민의 무기 1

월드클래스 슈퍼스타 손흥민! 그가 지금의 자리에 오를 수 있었던 것은 손흥민만이 보여 줄 수 있는 특별한 능력이 있기 때문이에요. 그가 경기장에서 선보이는 손흥민만의 무기에 대해서 들려드릴게요.

● 스피드

손흥민의 가장 위협적인 무기는 뭐니 뭐니 해도 스피드입니다. 90분 내내 달려야 하는 축구라는 경기에서 스피드는 가장 중요한 능력 중 하나이지요. 2020년 손흥민에게 푸스카스 상(국제 축구 연맹에서 선정한 최고의 골에 수여하는 상)을 안긴 번리전 골이 바로 손흥민의 폭발적인 스피드를 가장 잘 보여 주는 예시라고 할 수 있어요. 손흥민의 폭발적인 스피드의 원천은 바로 근육입니다. 특히 순간적인 스피드를 낼 때 엉덩이와 허벅지의 근육에서 큰 힘을 낸다

폭발적인 스피드로 질주하는 손흥민

고 하지요. 또한 강하기만 해서는 오히려 부상을 입을 수 있기 때문에 부드러움도 함께 갖춰야 하는데, 손흥민은 강하고도 부드러운 근육이라고 평가를 받습니다. 이는 어릴 적부터 손흥민을 옆에서 지도했던 아버지 손웅정 감독의 영향이 크다고 할 수 있어요.

● 슈팅

손흥민의 축구 기술 가운데 가장 위협적인 것은 슈팅입니다. 흔히 '손흥민 존'이라고 불리는 지역이 있습니다. 아크 서클 양측면 45도 지역을 말하는데요, 손흥민은 이곳에서 볼을 잡아 감아차는 슈팅을 기가 막히게 할 수 있습니다. 골키퍼 입장에서는 슈팅한 볼이 감겨 들어가면서 자신의 손끝을 너머에 있는 골문 안으로 향하는 모습을 지켜볼 수 밖에 없어요.
손흥민이 이런 슈팅을 잘하는 비결은 바로 간결한 터치와 유연한 발목 근육입니다. 첫 터치를 간결하게

손흥민 존에서의 감아차기

가져가서 수비수를 빠르게 제치고, 강하면서도 유연한 발목 근육을 이용해 공에 회전을 걸어 슈팅하는 거예요. 또한 다른 공격수들보다 슈팅의 타이밍을 빠르게 가져가는 것도 손흥민 슈팅의 큰 강점입니다.

● 개인기

손흥민은 공격수이기 때문에 수비수를 따돌릴 수 있는 개인기가 무척 중요합니다. 하지만 무작정 화려한 개인기를 보여 주기보다는 정말 필요한 순간, 경기의 흐름에 맞게, 그리고 간결하게 개인기를 사용하는 편이에요. 개인기는 그 자체로서의 의미를 가지는 것이 아니라 결국 '골'을 넣기 위한 행동이기 때문이지요.
손흥민이 가장 주력하는 기술은 '헛다리 짚기'예요. 주로 측면에서 수비수와 맞설 때 사용합니다. 헛다리를 짚으면서 상대 수비수의 무게 중심을 무너뜨린 다음, 바로 치고 들어가서 패스를 하거나 슈팅으로 연결합니다.
순간적인 발놀림으로 공을 옮기는 팬텀 드리블 역시 좋은 기술입니다. 골문을 향해 직선적으로 치고 들어가다 팬텀 드리블을 통해 상대 수비수에게 혼란을 가져다줍니다. 또한 상대 수비수 입장에서는 볼을 뺏으려 발을 뻗었다가는 반칙을 내줄 수 있기 때문에 조심스러울 수 밖에 없어요.
잔발 스텝 드리블도 손흥민의 장기 가운데 하나입니다. 인사이드나 발등으로 볼을 치면서 수비수의 타이밍을 뺏는 것이지요. 특히 수비수가 가까이 붙어 있을 때 효과적입니다. 짧은 스텝으로 터치를 하면서 수비수의 발을 바라보다가 그의 발이 나올 때 순식간에 치고 들어가는 것이지요. 손흥민처럼 양발을 사용할 수 있으며 스피드가 빠른 선수에게 무척 효과적인 기술입니다.

6장

손세이셔널, 그의 시간

> "
> 월드컵 무대에서
> 뛰지 못하면
> 그 아쉬움은
> 평생 나를 아프게 할 거야.
> "

빠르게 공을
몰고 가는 토트넘!

으악!

반칙, 반칙!

토트넘이 패널티킥 찬스를
얻어 냅니다.

아, SON이 키커로 나서는군요.

178

그날 이후

2019-20시즌 손흥민은 '토트넘 올해의 선수', '올해의 골', '토트넘 어린이 팬들이 선정한 올해의 선수', '팬클럽 선정 올해의 선수', '토트넘 레전드 선정 올해의 선수'에 잇달아 선정되며 토트넘 홋스퍼 FC 역사상 최초로 2년 연속 5관왕에 올랐고, 'FIFA 푸스카스상'까지 수상했습니다.

이런 대단한 상을 받을 수 있게 되어 진심으로 영광스럽게 생각합니다.

혼자서는 받을 수 없는 상이기에, 함께하는 동료들과 스태프들, 팬 여러분에게 감사할 따름이에요.

한국인으로서 첫 수상자가 되었는데, 앞으로 많은 한국 축구 선수들이 이런 업적을 거둘 수 있기를 바랍니다.

다시 한번 축하드립니다.

상승세를 탄 손흥민의 기량은 2020-21시즌에도 여전했습니다. 지난 시즌 세운 본인의 리그 최다 골 기록을 경신한 것입니다.

SON, 프리미어리그 공격포인트 3위에 오릅니다!

와!

와

매 시즌 기량이 상승하고 있군요!

하지만 소속 팀은 부진의 늪에 빠져 있었습니다.

아이고, SON만 잘하면 뭘 해!

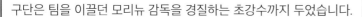

구단은 팀을 이끌던 모리뉴 감독을 경질하는 초강수까지 두었습니다.

감독님!

프로의 세계는 냉정한 법!
언젠가 다시 보자고!

2021-22시즌 첫 경기 날

SON, 정말 미안해.
내 상황도 이해해 줘.

새 시즌 시작부터 해리 케인이 이적 문제로
팀과 불화를 겪고 있었습니다.

핵심 전력인 케인의 이적설 때문에
팀 전체가 어수선하다.

케인이 없어도 토트넘은
건재하다는 걸 보여 줘야 해!

어쩔 수 없지 뭐.
빨리 해결됐으면 좋겠다.

고마워.

케인은 손흥민과 함께 수많은 골을 만들어 낸,
최고의 공격수 중 한 명이었습니다.

토트넘 홋스퍼 FC에서 보낸 시간만 어느덧 7년, 손흥민은
팀에 대한 남다른 애착과 책임감을 느끼고 있었습니다.

무엇보다 공격에서
케인의 빈자리가 느껴지게 해선 안 돼!
그러려면 나부터
더 열심히 움직여야 한다!

2021-22시즌 토트넘 홋스퍼 FC 대 맨체스터 시티 FC

손흥민은 그 어느 때보다도 열정적이고 치열한 시즌을 보냈습니다.

2021-22시즌 토트넘 홋스퍼 FC 대 노리치 시티 FC

노리치 시티는 이미
강등이 결정되었기 때문에
오늘 경기의 관전 포인트는
따로 있습니다.

와

와

맞습니다,
바로 SON의 득점 여부죠!

현재 프리미어리그 득점 선두는 22골을 넣은 리버풀의 모하메드 살라 선수인데요, 토트넘의 SON이 현재 21골로 살라를 바짝 추격하고 있습니다.

마지막 라운드인 오늘 경기를 통해 득점왕이 가려질 것입니다.

SON, 네가 오늘 뭘 해야 하는지 잘 알고 있지?

해낼 수 있어!

우리가 도와줄게.

그럴수록 더 떨리니까 그냥 하던 대로 해.

왕부담

하 하

많은 사람의 기대와 성원에 힘입은 손흥민은 이날 경기에서 후반에만 2골을 넣으며 프리미어리그 득점왕에 올랐습니다.

SON! 22호 골을 넣고 불과 5분 만에 환상적인 감아차기로 23호 골을 기록합니다!

와

살라 역시 이날 경기에서 23호 골을 넣어 공동 득점왕이 되었습니다. 그러나 살라의 23득점 중 5득점은 페널티킥으로 넣은 것이었기 때문에 순수 필드 득점만으로 23점을 채운 손흥민이 더 높은 평가를 받았습니다.

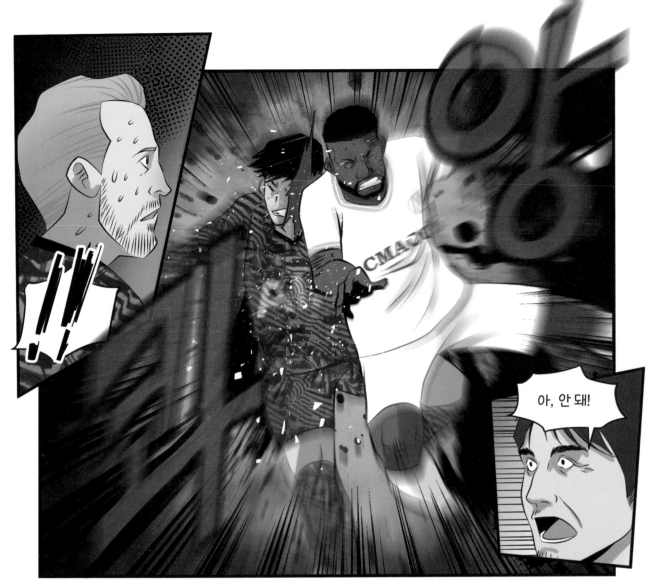

아, 안 돼!

SON, 괜찮아?

어떻게 된 거야?

웅성

웅성

크, 큰일이다!

전반 23분, 손흥민은 무리하게 공중볼 경합을 시도한 상대 팀 선수와 충돌하며 얼굴에 큰 부상을 입었습니다.

의료진! 어서!

의료진의 조치 후에도 쉽사리 정신을 차리지 못할 만큼 큰 충돌이었습니다. 카타르 월드컵을 불과 20여 일 앞둔 시점이었습니다.

엄청난 통증 속에서도 손흥민의 머릿속은 오직 한 가지 생각뿐이었습니다.

큰일이다!
월드컵에 출전하지 못하면
어떡하지?

안타까운 소식입니다.
월드컵을 앞두고
손흥민 선수의 출전이
불투명해졌습니다.

경기 도중
안면 골절 부상을 당해
긴급 수술에 들어갔습니다.

대한민국의
16강 진출에 적신호가….

손흥민 선수의 월드컵 출전,
가능할까요?

어렵습니다. 적어도 한 달은
안정을 취해야 하는 부상이에요.

맞아, 아프고 불편해.
근데 그건 잠시뿐이잖아.

월드컵 무대에서 뛰지 못하면
그 아쉬움은 평생 나를 아프게 할 거야.

휴식이 필요한 시기였지만, 손흥민의 월드컵 출전 의지는 너무나도 확고했습니다.

얼마 뒤

우루과이전에서
첫 단추를 잘 끼워야 할 텐데,
어떻게 보십니까?

사실 월드컵 전적은
2전 2패로 우루과이가
우세합니다.

하지만 지금
사우디와 일본이 각각
아르헨티나와 독일에 승리하는
이변을 보여 주지 않았습니까?
우리도 가능합니다!

대한민국
국가대표 팀

흥민이 형이랑 민재 형은 A매치 경험도 많고
빅리그에서 뛰니까 이렇게 떨리진 않겠죠?

많이 떨리는
모양이구나?

하하하,
나도 예전엔 그랬어.

막상 시작하면
괜찮아질테니까 지금은
푹 쉬면서 컨디션 조절이나….

두 두 두

두 두 두 두

…….

털
덜

미… 민재 형도 떨고
있는 것 같은데…요?

아… 아니거든!

다 다 다 ?

두리번

13

다 다 다 다

다 다

봤지?
선배들도 떨리긴
마찬가지야.

그러니까, 우린 머리를 싹 비우고
경기에만 집중하면 돼.

7

자! 다들 가운데로 모여 봐.

7

H조 조별 리그 1차전 대한민국 대 우루과이

첫 번째 상대 우루과이에는 세계 최고 미드필더 중한 명인 페데리코 발베르데를 비롯해 다윈 누녜스, 루이스 알베르토 수아레스와 에딘손 카바니 등 노련한 공격수가 포진해 있었습니다.

대부분 한국의 패배를 예상했지만, 손흥민이 이끄는 국가대표 팀은 4년 간 갈고닦은 실력을 바탕으로 결코 밀리지 않는 경기력을 과시했습니다.

경기 종료!

아!

대한민국과 우루과이,
팽팽한 공방전을 펼쳤지만
끝내 득점 없이 경기가 종료됩니다.

이로서 승점을 1점씩
나눠 가지게 됩니다.

H조 조별 리그 2차전 대한민국 대 가나

대한민국! 0대 2 상황에서
동점을 만드는 저력을 발휘했지만
끝내 역전을 허용합니다.
16강 진출에 적신호가 켜졌습니다.
정말 안타깝군요.

설상가상 우리나라는 2차전에서 아쉽게 패배하고 말았습니다.

3차전 포르투갈 전에서
승리하지 못하면 16강 진출은 어려워.
이렇게 된 이상 반드시 이겨야 한다!

히카르두 오르타 슛!

전반 시작 5분 만에
실점을 허용하는 한국!

역시 강하네요, 포르투갈!

분위기가 쳐지면 안 돼!

신경쓰지마, 얘들아!
어차피 실점할 거였으면
차라리 일찌감치 하는 게 나아!

손흥민은 경기 내내 후배 선수들을 격려했습니다.

200

동점 상황에서 얻은 후반 추가 시간, 단독 질주한 손흥민은 황희찬 선수에게 절묘한 패스를 연결하여 기적같은 역전골을 만들어 냈습니다.

결과는 2:1 역전승. 그 어떤 경기보다 드라마틱한 승리를 얻어 낸 것입니다.

휴, 지친다!

H M SON
7

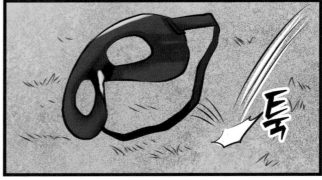

…해냈다!

손흥민은 심각한 부상 중에도 12년 만의 월드컵 원정 16강 진출이라는 쾌거를 이끌어 냈습니다.

세계인이 열광하는 스포츠, 축구

축구는 우리 삶에서 떼려야 뗄 수 없는
스포츠로 자리 잡았어요.
우리가 사랑하는 스포츠,
축구의 이모저모에 대해 살펴보아요.

하나 우리가 축구를 사랑하는 이유

영국에서 시작된 축구는 1870년대부터 전 세계로 보급
되었습니다. 축구를 접한 세계 각국은 곧 열광하기 시
작했습니다. FIFA 회원국의 숫자가 국제 올림픽 위원
회인 IOC의 회원국보다 많다고 하니, 세계인들이 얼마
나 축구를 사랑하는지 알 수 있습니다.

사람들이 축구에 빠져들 수밖에 없는 이유를 과학적인
측면에서 분석한 내용을 살펴볼게요. 축구장에서 경기
의 시작과 동시에 휘슬이 울리면 거대한 함성 소리가
울려 퍼집니다. 쉴 새 없이 터지는 플래시와 관중들의
응원가, 경기장을 누비는 선수들의 땀과 거친 숨소리
등은 인간의 시각과 청각을 동시에 자극시켜 흥분 상
태로 만든다고 해요. 기분 좋은 흥분을 경험한 사람들
은 마치 축구와 사랑에 빠진 듯한 감정을 느끼게 되는
것이랍니다.

자신이 좋아하는 팀을 응원하는 소리로 가득한 축구장

둘 재미로 보는 축구 이야기

● FIFA 월드컵 트로피
FIFA 월드컵에서 우승한 나라에는 트로피가 주어지지

만, 시상식이 끝나고 나면 다시 반납해야 해요. 대신 똑같이 만든 복제품을 준다고 하지요. 왜 이런 규정이 생겼을까요?

1930년, 최초의 월드컵 우승은 주최국인 우루과이가 차지했습니다. 당시의 트로피는 승리의 여신 니케가 성배를 들고 있는 모양이었어요. 월드컵을 처음 제안한 국제축구연맹의 회장 '쥘 리메'의 업적을 기리기 위해 '쥘 리메 컵'이라고 불렸지요.

그런데 쥘 리메 컵은 1966년 영국 런던에서 전시하다가 도난을 당하기도 하고, 이후 브라질에서 영구 소장하기로 했지만 이마저도 어디론가 사라지는 등 수난을 겪었어요. 결국 1974년 월드컵부터는 새로운 트로피인 'FIFA 컵'이 등장했는데요. 쥘 리메 컵처럼 수난을 겪지 않도록 '각 나라의 원수나 월드컵 우승을 경험한 선수가 아니면 그 누구도 트로피에 손을 댈 수 없다.', '월드컵에서 우승하더라도 트로피는 영구 소장할 수 없다.'라는 규정을 세웠지요. 이 때문에 월드컵을 우승한 나라라고 해도 복제품을 들고 돌아갈 수밖에 없게 되었답니다.

● 풋볼(football)? 사커(soccer)?

축구를 의미하는 영어 단어는 풋볼(football)과 사커(soccer) 2개인데요, 어떤 것이 맞을까요? 결론부터 말하자면 둘 다 맞는 말입니다. 보통 축구는 풋볼로 많이 부르는데, 그 이유는 발로 공을 다룬다는 의미에서 'foot(발) + ball(공)'이 합쳐진 명칭이기 때문이에요. 그런데 축구 종주국인 영국에서 축구만큼이나 인기 있는 스포츠로 알려진 럭비 역시 풋볼이라는 명칭을 사용하고 있습니다. 영국뿐 아니라 미국에서도 풋볼이라고 하면 많은 사람들이 미식축구(럭비와 축구를 혼합한 경기)를 떠올리기 때문에 축구와 럭비를 확실히 구분 지을 명칭이 필요했지요. 그래서 사커(soccer)라는 용어가 사용되기 시작한 것입니다.

영국 축구 박물관에 전시된 쥘 리메 컵 모형 ⓒ Ben Sutherland

상대편 골라인을 넘어 터치다운하는 미식축구
ⓒ Christopher A. Lussier

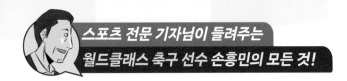
손흥민의 무기 2

손흥민의 무기는 스피드, 슈팅, 개인기처럼 신체적 강점을 기반으로 한 것만 있는 것은 아니에요. 당장 눈에 보이지는 않지만 손흥민의 가치를 더욱 돋보이게 하는 것들도 있지요. 그의 또 다른 무기에 대해서 들려드릴게요.

● 언어 능력

손흥민은 어릴 적 독일에서 축구 유학을 시작한 이래로 지금까지 인생의 절반 가까이를 유럽에서 지냈습니다. 그래서 모국어인 한국어를 비롯해 독일어, 영어에 능통합니다. 3개 국어를 할 수 있지요. 웬만한 선수들과의 소통에 전혀 문제가 없습니다. 스페인어나 프랑스어, 포르투갈어에서 중요한 단어들도 틈틈이 배우고 있다네요. 언어를 통해 선수들에게 다가가고 마음을 나누는 것. 가장 중요한 스킬 중 하나입니다.

동료들과 자유롭게 대화를 나누는 손흥민

하지만 손흥민이 처음부터 외국어를 잘했던 것은 아닙니다. 익숙하지 않은 언어로 외국인과 소통하는 것은 누구에게나 어려운 일이지요. 하지만 손흥민은 잘해야 한다는 부담감을 내려놓고, 무작정 외국인 선수들과 소통하는 방법을 택했습니다. 문법이 맞고 틀리고를 신경쓰며 입을 닫고 있기보다는 '나는 당신과 소통하고, 친해지고 싶다'는 의지를 내비치며 들이댄 거예요. 그 덕분에 선수들은 외국인인 손흥민을 더 빠르게, 더 가까이 받아들였고 이러한 소통 능력이 경기장에서 팀워크라는 모습으로 빛을 발하게 된 것입니다.

● 판단력

흔히 축구를 '머리로 하는 스포츠'라고 표현해요. 이는 그만큼 축구에서 판단력이 중요하다는 뜻이라고 볼 수 있습니다.

축구는 팀 스포츠이기 때문에 항상 자신의 위치, 동료의 위치, 상대팀 선수들의 위치를 생각하고 움직여야 하는데, 그럴 때마다 정확한 판단력이 요구되지요. 또한 패스를 할지, 개인기를 통해 상대방을 제쳐야 할지 등을 빠르게 결정해야 해요. 상대 선수들도 수비를 하고 압박을 하기 때문에 여러 가지 선택지를 고려할 수 있는 시간이 무척 짧기 때문이지요. 그

수비수를 제치고 나가는 손흥민

순간을 놓쳐 버리면 골을 넣을 수 있는 기회는 줄어들고 말아요.

많은 전문가들에게 인정받는 손흥민의 장점 중 하나가 바로 이 판단력입니다. 손흥민은 그 짧은 순간마다 명석한 판단력을 통해 빠르게 결정하고 움직일 수 있습니다. 이는 한발 더 빠르게 패스하고, 한발 더 빠르게 슈팅을 할 수 있다는 뜻이지요. 그렇게 때문에 다른 선수들보다 찬스 상황에서 더 좋은 결과를 얻어 낼 수 있습니다.

또한 손흥민은 스피드를 갖추고 있고, 양발을 자유롭게 쓸 수 있기 때문에 중요한 상황에서 다른 선수들보다 더

뛰어난 판단력으로 골을 넣고 환호하는 손흥민

많은 선택지를 가질 수 있습니다. 그 말은 손흥민을 막는 수비수는 다른 선수를 막을 때보다 더 많은 경우의 수를 고려해야 한다는 뜻이고, 다른 선수보다 더 막기 어렵다는 뜻이기도 합니다. 손흥민이 만들어 낸 수많은 골들이 바로 이런 과정을 통해서 얻어진 결과라고 할 수 있지요.

7장

The leader, 손흥민

> 손흥민은 다를 겁니다.
> 그는 월드클래스니까요!

2023년 8월 13일, 토트넘 훗스퍼 FC는 구단 공식 홈페이지를 통해 손흥민을 새 주장으로 임명했다고 발표했습니다.

SON이 주장감이라는 건 말할 필요도 없지!

누구나 그렇게 생각하고 있었지만 진짜 주장이 될 줄은 몰랐으니까 하는 말이야.

끄덕 끄덕

SON은… 아시아인이니까.

아…!

프리미어리그에 인종차별이 공공연하게 벌어지는 것이 사실이잖아. 안 그래?

그건 그렇지.

휴-

눈앞에서는 치켜세워 주다가 정작 중요한 순간에는 제외하기 일쑤잖아.

맞아. 그리고 그 자리에는 유럽 출신의 백인이 들어가 있지.

웅성 웅성

너무 뻔뻔하게 차별을 해서 팬들이 분노했던 적도 많다고.

그런데 이제라도 SON이 제대로 대우받는 것 같아서 기쁘군.

나는 토트넘의 오랜 팬으로서 구단이 이런 결정을 내렸다는 사실이 자랑스러워.

으으~ 앞으로 토트넘이 어떻게 변할까? 기대된다!

팬들의 반응처럼 손흥민의 주장 임명은 아주 큰 의미가 있었습니다. 토트넘 홋스퍼 FC 역사상 최초의 비유럽 출신, 그것도 아시아인 주장이었기 때문입니다.

그러나 어김없이 토트넘의 이러한 결정에 문제를 제기하는 사람들이 나타났습니다.

불과 몇 시간 전 발표된 소식인데요, 이것 때문에 온라인이 떠들썩합니다.

바로, SON의 주장 임명입니다.

SON의 실력은 인정하지만 리더십은 다른 문제예요.

맞습니다.
부주장이었던 해리 케인이 주장을 맡았어야 해요.

하지만 케인은 이제 토트넘에 없잖아요?

그게 문제예요. 토트넘은 팀의 주축인 케인이 떠나지 않도록 붙잡았어야 했어요!

흠… 그렇다면 이런 결론을 내릴 수 있겠군요.

토트넘의 위기!

쏘니, 과연 리더십을 발휘 할 수 있을까?

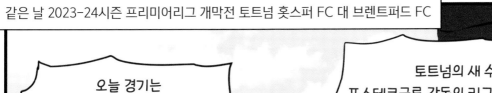

오늘 경기는
새 시즌 개막전이라는 것 외에
기념할 만한 일이 또 있습니다.

토트넘의 새 수장인
포스테코글루 감독의 리그 데뷔전인 동시에
캡틴 SON의 첫 경기라는 점이죠!

SON! 주장으로서도
능력을 훌륭히 증명해
보일 거라 믿습….

손흥민이 선수들을 이끌고
토트넘의 원정 팬들
앞으로 가는데요….

와

와

어라? 토트넘 선수들,
어디 가는 거죠?

아, 이제 알겠어요!
팬들과 최대한 가까운 곳에서
허들을 하는군요.

하하하! 이거 신선한데요?
팬들에게는
최고의 선물이겠어요.

'허들(huddle)'은 경기 직전 선수들이 단합을 다지기 위해 어깨동무를 하고 구호를 외치며 파이팅을 다짐하는 것을 말합니다.

허들은 경기장 중앙에서 하는 것이 일반적이지만 이날 토트넘 선수들은 손흥민의 아이디어로 원정 팬 근처까지 가서 파이팅을 외치고 팬들에게 인사를 건넸습니다.

캡틴 SON, 최고다!

토트넘 파이팅!

봤지? 이게 바로 토트넘이다!

별것 아닌 팬 서비스에 저렇게 열광하다니, 팬들도 참….

내 생각은 달라. 선수들은 단지 자리를 옮겼을 뿐이지만, 이건 꽤 많은 걸 상징한다고.

먼저, 선수들에게서 단체 행동을 이끌어 냈다는 것은 SON의 리더십이 통한다는 의미이고….

동시에 팬들에게는 자신들을 소중히 여길 줄 아는 주장이라는 것도 어필했지.

그리고 팬들이 저렇게 좋아하는 모습을 보면 선수들도 더 단단하게 뭉치겠군요.

그럼!

SON! 생각보다 영리하군. 역시 내 판단이 옳았어!

토트넘 대 셰필드 유나이티드,
접전 끝에 토트넘이 승리를 가져갑니다!

후반 42분까지 0대 1로 끌려갔지만,
불과 10분 사이에 히샬리송의 동점골과
데얀 콜루셉스키의 역전골이 터졌어요!

골을 만들어 내는 과정부터
기뻐하는 모습까지
이전과는 확연히 다른 토트넘!

캡틴 SON이
일으킨 변화일까요?

으이구! 저 녀석,
뭐 하는 거야?

엇!

이리 따라와!

손흥민은 동점골의 주인공 히샬리송의 등을
떠밀어 팬들 앞에 내세웠습니다.

히샬리송!
오늘의 영웅이에요!

이 무렵 히샬리송은 거듭된 부진으로 잔뜩 움츠러든 상태였습니다.
그래서 동점 골을 넣고도 선뜻 기뻐하지 못했던 것입니다

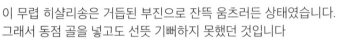

히샬리송!

히샬리송!

RICHARLISON
9

이 순간을 즐겨.
넌 당연히 그럴 자격이 있으니까!

아…!

고마워요, 캡틴!

손흥민은 이 사실을 잘 알고 있었고, 히샬리송의 활약을 누구보다
기뻐하며 사람들 앞에서 그를 치켜세워 주었습니다.

'캡틴' 손흥민은 강한 카리스마보다는 사려 깊고 인간미 넘치는 모습으로 동료들을 이끌었습니다.

부에노스 디아스, 봉 디아!

뭐 하는 거니?

'좋은 아침이야'를 스페인어로 하면 '부에노스 디아스', 포르투갈어로는 '봉 디아'라고 한대요.

갑자기 외국어를 두 개씩이나 배우려고? 동시에?

그럴 일이 좀 있어서요.

다음 날

여어~ 부에노스 디아스!

손흥민은 브라질 등 남미 출신 신입 선수들과 가까워지고 소통하기 위해 기꺼이 새로운 언어를 배우는 열정을 보였습니다.

사려 깊고 인간적인 손흥민의 태도는 동료들을 남다른 유대감으로 뭉치게 했고,
언론과 팬들은 비로소 토트넘이 하나의 팀이 되었다며 열광했습니다.

몇 달 뒤

셋,

둘,

하나!

자, SON이 주장 완장을
찬 지 몇 달이 흘렀는데요….
다시 한번 이야기해 볼까요?

그의 주장 임명은
성공적이죠.

리더로서 훌륭한 본보기를
보여 주고 있습니다.

그런데 두 분이 불과 몇 달 전에 말했던 것과 너무 다른데요?

평가는 늘 바뀌기 마련이죠. 지금은 칭찬하지만, 몇 달 뒤에는 최악의 리더라고 혹평할지도 몰라요.

이랬다저랬다 한다고 우리를 비난하는 사람도 있겠지만 어쩔 수 없어요.

그게 바로 언론과 팬들의 태도이고, 이것들도 모두 축구의 일부니까요.

그러나 손흥민은 다를 겁니다. 이런 말에 휘둘리는 선수가 아니에요.

그는 월드클래스니까요!

토트넘, 베리발을 빼고 우도지를 투입합니다. 18세의 베리발 선수, 두 번째 선발 출전이었는데 12분 만에 교체되는군요.

수비 라인을 재정비하며 어쩔 수 없이 퇴장시키는 것 같습니다.

선수로서는 무척 억울하게 느낄 수 있는 교체인데요···.

베리발!

너무 속상해하지 마. 넌 아무 문제가 없으니까 자책하지도 말고.

지금은 그 어떤 말도 위로가 되지 않을 걸 알지만, 난 하나는 확실히 말해 줄 수 있어.

경기는 앞으로도 계속될 테고, 곧 너의 시간이 올 거야!

포기를 모르는 사나이, 손흥민의 순수한 열정은 오늘도 계속되고 있습니다.

⚽ 생각해 보기 🎯

> 책을 다 읽은 뒤 내용을 되새기고
> 생각하는 시간도 필요합니다.
> 책에 대해 주변 사람들과
> 함께 이야기 나누면 더욱 좋아요!

손흥민 연표

1992 7월 8일 강원도 춘천시에서 출생

2005 춘천 육민관 중학교 축구부 가입

2008 서울 동북고등학교 진학

2008 우수 선수 해외 유학 프로젝트를 통해
독일 함부르크 SV로 유학

2010 함부르크 SV와 정식 계약 후 활약

1992~

2008~2010

2018~2019

2020~2021

2018 러시아 월드컵 출전

2018 자카르타-팔렘방 아시안 게임에서
주장으로 대회 2연패 달성

2019 런던 풋볼 어워즈 선정 프리미어리그 올해의 선수

2020 국제 축구 연맹(FIFA) 선정 푸스카스상 수상

2020 토트넘 홋스퍼 FC 레전드 선정 올해의 선수

2021 토트넘 통산 100호 골 달성

- 2011 카타르 아시안컵 3위 달성

- 2013 바이어 04 레버쿠젠 이적

- 2014 아시아 베스트 풋볼러,
  대한 축구 협회 선정 올해의 선수상 수상

- 2015 프리미어리그 토트넘 홋스퍼 FC 이적

- 2016 아시아 선수 최초 프리미어리그 이달의 선수상 수상

- 2017 아시아인 최초로 FA컵 득점왕 선정

2011~2014

2015~2017

2022

2023~2025

- 2022 프리미어리그 공동 득점왕 선정

- 2022 카타르 월드컵 주장으로 팀을 이끌며 16강 달성

- 2023 아시아 선수 최초 프리미어리그 100호 골 달성

- 2023 카타르 아시안컵 4강 달성

손 · 잘 · 알 테스트

지금까지 손흥민 선수에 대한 많은 이야기를 살펴보았어요.

읽었던 내용을 되새기면서 손흥민 선수에 대한 몇 가지 문제를 차근차근 풀어 보세요.

1. 손흥민이 처음 독일로 축구 유학을 떠난 뒤, 입단하게 된 구단의 이름은 무엇일까요?

① 레알 마드리드   ② 유벤투스 FC

③ 함부르크 SV   ④ 맨체스터 유나이티드 FC

2. 손흥민은 고등학교 재학 중에 독일로 유학을 떠났어요. 과거 우수한 선수를 배출한 이 고등학교는 어디일까요?

① 대일 고등학교   ② 동북 고등학교

③ 춘천 고등학교   ④ 영일 고등학교

3. 손흥민의 2024년 소속 구단은 토트넘 홋스퍼 FC입니다. 그렇다면 토트넘 홋스퍼 FC가 소속된 잉글랜드 프로 축구 리그의 명칭은 무엇일까요?

① K리그   ② 세리에A

③ 분데스리가   ④ 프리미어리그

4. 손흥민이 소속되어 있던 독일의 프로 축구 리그 분데스리가는 한국 선수들과의 인연이 깊은 리그로도 알려져 있어요. 다음 중 분데스리가에 진출했던 한국 선수는 누구일까요?

① 차범근　　　　　　　　　② 박지성
③ 김병지　　　　　　　　　④ 이천수

5. 세계적인 인기를 누리는 축구 선수들에게는 팬들의 애정 어린 별명이 뒤따릅니다. 프리미어 리그에서 승승장구하는 손흥민도 팬들이 붙여 준 여러 별명이 있는데, 이 중 손흥민의 별명이 아닌 것은 무엇일까요?

① 웸블리 왕자　　　　　　　② 소니
③ 손날두　　　　　　　　　④ 반지의 제왕

6. 손흥민은 어린 시절 아버지에게 기본기를 반복해서 익히는 훈련을 받았어요. 그 덕분에 오늘날 기본기가 잘 잡힌 선수라는 평가를 듣고 있는데, 아래의 보기 중 축구의 기본 기술이 아닌 것은 무엇일까요?

① 드리블　　　　　　　　　② 헤딩
③ 트래핑　　　　　　　　　④ 덩크

答: 1 ③　2 ④　3 ④　4 ①　5 ④　6 ④

내가 손흥민이라면?

1. 나도 시합에 나가고 싶어요!

어린 시절 손흥민은 아버지에게 개인 지도를 받으며 축구를 배웠어요. 그런데 아버지는 기본기를 익히는 훈련에만 집중했고, 기본기를 충분히 익히지 못하면 다른 훈련을 시키지 않았어요. 아버지의 뜻을 잘 알기에 꾹 참고 고된 훈련을 견디긴 했지만 어린 마음에 멋지게 슛을 해 골을 넣고 싶은 마음도 간절했던 손흥민, 여러분이라면 어떻게 했을까요?

나라면……

_____

_____

_____

2. 외로운 독일 유학 생활

2008년 대한 축구 협회가 선정하는 우수 선수로 뽑힌 손흥민은 독일로 유학을 떠나게 되었어요. 당시 손흥민은 열일곱 살, 혼자 머나먼 타국에서 낯선 이들과 함께 지내는 것이 쉽지만은 않았을 거예요. 만약 여러분이 낯선 땅, 낯선 환경, 낯선 언어 등의 상황이었다면 어떤 기분이었을까요? 그리고 어떤 방법으로 위기를 헤쳐 나갔을까요?

나라면……

_____

_____

_____

3. 국가대표로서의 사명감

해외 스포츠 리그에서 활동하고 있는 선수 중, 국가대표 팀에 소속된 이들은 국가 대항전이 있을 때마다 힘든 결정을 내려야 합니다. 왜냐하면 국가 대항전에 나가면 소속팀 경기에 출전하지 못하여 팀에 피해를 줄 수도 있기 때문이지요. 그럼에도 손흥민은 국가대표로서 사명감을 지니고 대표 팀의 부름을 받으면 경기에 참가했답니다. 여러분이라면 어떤 결정을 내렸을까요?

나라면……

_____

_____

_____

4. 부상 투혼

손흥민은 프리미어리그 2017-18 시즌에서 역대 시즌 최다 골을 경신하고, 선수 랭킹 Top 10에 이름을 올렸습니다. 그런데 시즌이 마무리될 무렵, 기록이 주춤해진 손흥민에 사람들은 의아해했어요. 알고 보니 발목 부상으로 6주 동안이나 진통제를 사용하면서 경기에 출전했던 거예요. 엄청난 고통을 참으면서도 시즌이 끝날 때까지 최선을 다한 손흥민, 여러분이라면 끝까지 경기에 참가했을까요?

나라면……

_____

_____

_____

대한민국 축구 대표 팀의 서포터즈

"오~ 필승 코리아! 오~ 필승 코리아!"

대한민국 축구 대표 팀에게는 든든한 지원군, '붉은악마' 서포터즈가 있습니다. 대표 팀의 경기가 있을 때마다 힘찬 응원을 해 주어 대표 팀에게 힘을 실어 주지요. 여러분도 붉은악마 서포터즈가 되어 대표 팀에게 응원의 메시지를 남겨 볼까요? 축구는 물론 야구, 배구 등 전 세계와 힘을 겨루는 대한민국 대표 팀이라면 어떤 종목이든 상관없어요.

붉은악마 서포터즈의 엠블럼에는 붉은색 도깨비처럼 생긴 문양이 그려져 있어요. 여러분이 축구 대표 팀의 서포터즈를 직접 만든다고 생각해 보세요. 어떤 이름과 엠블럼을 만들고 싶나요? 여러분이 생각한 서포터즈 이름과 엠블럼을 아래에 그려 보세요.

who? 스페셜

손흥민

전면개정판 1쇄 인쇄 2024년 1월 15일
전면개정판 1쇄 발행 2024년 1월 31일

글 스토리랩 **그림** 이유철 **표지화** 신춘성

펴낸이 김선식
펴낸곳 다산북스

부사장 김은영
어린이사업부총괄이사 이유남
책임편집 박정민 **디자인** 김은지 **책임마케터** 안호성
어린이콘텐츠사업1팀장 박정민 **어린이콘텐츠사업1팀** 김은지 박세미 강푸른
어린이마케팅본부장 최민용 **어린이마케팅1팀** 안호성 이예주 김희연
편집관리팀 조세현 김호주 백설희 **저작권팀** 성민경 이슬 윤제희 **제휴홍보팀** 류승은 박상준
재무관리팀 하미선 임혜정 이슬기 김주영 오지수
인사총무팀 강미숙 이정환 김혜진 황종원
제작관리팀 이소현 김소영 김진경 최완규 이지우
물류관리팀 김형기 김선민 주정훈 양문현 채원석 박재연 이준희 이민운

출판등록 2005년 12월 23일 제313-2005-00277호
주소 경기도 파주시 회동길 490
전화 02-704-1724 **팩스** 02-703-2219
다산어린이 카페 cafe.naver.com/dasankids **다산어린이 블로그** blog.naver.com/stdasan
종이 스마일몬스터 **인쇄** 한영문화사 **코팅 및 후가공** 평창피엔지 **제본** 대원바인더리

ISBN 979-11-306-6292-3 14990

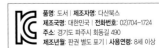

품명: 도서 | **제조자명:** 다산북스
제조국명: 대한민국 **전화번호:** 02)704-1724
주소: 경기도 파주시 회동길 490
제조년월: 판권 별도 표기 **사용연령:** 8세 이상

※ KC마크는 이 제품이 공통안전기준에 적합하였음을 의미합니다.

who? 한국사

초등 역사 공부의 첫 단추! '인물'을 알아야 시대가 보인다

● 선사·삼국 ● 남북국 ● 고려 ● 조선

※ who? 한국사(전 47권) | 대상 초등학교 전 학년 | 책 크기 188×255 | 각 권 페이지 190쪽 내외

who? 인물 중국사

인물로 배우는 최고의 역사 이야기

※ who? 인물 중국사(전 30권) | 대상 초등학교 전 학년 | 책 크기 188×255 | 각 권 페이지 190쪽 내외

who? 아티스트

최고의 명작을 탄생시킨 아티스트들을 만나다

● 문화·예술·언론·스포츠

※ who? 아티스트(전 40권) | 대상 초등학교 전 학년 | 책 크기 188×255 | 각 권 페이지 190쪽 내외

who? 인물 사이언스

기술로 세상을 발전시킨 과학자들의 이야기

※ who? 인물 사이언스 (전 40권) | 대상 초등학교 전 학년 | 책 크기 188×255 | 각 권 페이지 180쪽 내외

who? 세계 인물

세상을 바꾼 위대한 인물들의 이야기

※ who? 세계 인물 (전 40권) | 대상 초등학교 전 학년 | 책 크기 188×255 | 각 권 페이지 180쪽 내외

who? 스페셜 · K-pop

아이들이 가장 만나고 싶고, 닮고 싶은 현대 인물 이야기

※ who? 스페셜 · K-pop | 대상 초등학교 전 학년 | 책 크기 188×255 | 각 권 페이지 190쪽 내외